深层心理学视域下的组织承诺理论研究

陈振宇　著

中国财经出版传媒集团

经济科学出版社
Economic Science Press

·北京·

图书在版编目（CIP）数据

深层心理学视域下的组织承诺理论研究/陈振宇著
. －－北京：经济科学出版社，2023.9
ISBN 978 - 7 - 5218 - 5190 - 8

Ⅰ.①深… Ⅱ.①陈… Ⅲ.①企业组织－组织管理学
－研究 Ⅳ.①F272.9

中国国家版本馆 CIP 数据核字（2023）第 177966 号

责任编辑：谭志军
责任校对：刘 昕
责任印制：范 艳

深层心理学视域下的组织承诺理论研究
陈振宇 著
经济科学出版社出版、发行 新华书店经销
社址：北京市海淀区阜成路甲 28 号 邮编：100142
总编部电话：010 - 88191217 发行部电话：010 - 88191522
网址：www. esp. com. cn
电子邮箱：esp@ esp. com. cn
天猫网店：经济科学出版社旗舰店
网址：http://jjkxcbs. tmall. com
北京季蜂印刷有限公司印装
710×1000 16 开 12 印张 200000 字
2023 年 9 月第 1 版 2023 年 9 月第 1 次印刷
ISBN 978 - 7 - 5218 - 5190 - 8 定价：58.00 元
（图书出现印装问题，本社负责调换。电话：010 - 88191545）
（版权所有 侵权必究 打击盗版 举报热线：010 - 88191661
QQ：2242791300 营销中心电话：010 - 88191537
电子邮箱：dbts@ esp. com. cn）

序言

今天依然记得，七年前的夏天，陈振宇博士与本人在曼谷首次见面的情境：我们共同畅游了曼谷附近的海滩，也一起欣赏曼谷当地的各种美食。其间，陈博士很谦恭地与我谈及他的学术思想，并请我赐教，他特别提及试图将沙游技术（sandplay）推广至管理学领域的研究中。七年后的今天，《深层心理学视域下的组织承诺理论研究》已初具基本框架，甚为慰藉。

荀子曰：不积跬步，无以至千里。包括学术成就在内的任何成就都是日月精勤中求索而得，陈博士也是如此。我对他的印象是勤于思考、喜欢创新和付诸行动，而这些都是一个科学家应该具备的品质！

作为一个心理学家，我深喜陈博士能开创性地将本属于心理学领域的沙游技术（sandplay）应用于组织行为与管理的研究中。其采用深层心理学的视角，对组织中的员工心理进行深度分析，对组织承诺的结构进行重构，提出了组织承诺的十维结构理论；同时，也首次探析到组织承诺的深度影响因素——情结（psycho-logical complex）；最后，拟预重新修订《中国员工组织承诺问卷》，对组织管理的具体策略及实施具有重要意义。

事实上，近十年来，国内学术界逐渐达成一个强烈共识，即中国学者对于社会科学领域的研究不应在现有西方理论基础上增加一两个调节变量或中介变量就完成，更不应照搬西方理论就可以，而是要进行深入的情境化研究，开创中国文化和中国社会环境下的理论创新。《深层心理学视域下的组织承诺理论研究》采取质性研究的方法，对当前时代背景中生活于中国文化情境下的各类别企事业员工进行深度访谈及数据编码，最终发现中国员工组织承诺的结构已发生了变迁，且通过基于沙游技术的深层心理分析，找到了文化及环境作用于员工的心理途径和心理机制。这样一种研究范式应具有长久的生命力，并在不断发展变化的社会中，因应不同国家、地域、文化的差异，不断地对原有理论进行修正和创新。

　　木铎起而千里应，席珍流而万世响。最后，祝愿：无论是心理学还是管理学，抑或是其他的学科，本土化及中国化的研究越来越多，越做越好！

张庆林

著名心理学家

全国重点学科"基础心理学"思维心理学方向领头人

《心理学报》编委

《心理科学》编委

2022 年 1 月

目 录

第1章 引 言

1.1 研究背景与意义

1.1.1 研究背景

在全球市场竞争环境下，世界各国的公司都面临着日益激烈的市场竞争带来的组织结构变化和组织业务流程优化带来的影响。随着设备、技术的不断进步，企业对员工也正在采取精简策略。然而，精简人员一方面为公司节约了成本，提高了工作效率，进而也产生了良好的经济效益；但另一方面却给员工带来了不安全感和不稳定感，员工频繁离职，导致员工流失现象越来越严重。据有关统计表明，中国企业员工的离职率已从 20 世纪 80 年代的 3.3% 上升到 21 世纪初的 14%（刘磊，2006）。由于各国企业裁员现象逐渐变得普遍，员工的组织承诺水平也明显下降。但也有研究指出，企业通过裁员和削减成本是短视的策略，会产生消极影响，而实施提升组织承诺的公司更具有明显的竞争优势。但是，巴鲁克（Baruch，1998）认为组织承诺预测员工留任的准确率在下降，组织承诺研究不再是管理研究的热点，而对影响预测准确率的因素及解决办法却并未给出答案。

事实上，包括组织承诺在内的员工对组织的态度均发生了明显变化。随着全球化的推进，世界经济逐渐形成相互依存又相互竞争的关系，这种变化给包括中国在内的各国企业的发展带来了前所未有的竞争压力：公司在不断适应外部环境而参与市场竞争的同时，还需要不断调整自身的内部环境从而留住优质员工。在全球化的今天，员工对其组织成员的身份也不再有持久的需求，而把个人成就作为个体追求的目标的趋势；组织若想雇用到高承诺的员工，就必须采取新的管理政策，应对员工的需求；在个体自我彰显的今天，任何一个特定的组织都显得不再那么重要，相比于组织的成立与解体，员工个体对自身作为有机生命体的发展更被关注（张旭，樊耘，黄敏萍等，2013）。可见，企业与员工已经从单纯的雇佣关系，呈现为多元化的关系，承诺待在组织的需求与离开组织追求个人成就成为当今时代员工面临的冲突。正是在当今企业及其员工均处于这样一种多元环境的条件下，影响组织承诺的因素显得更为错综复杂（马飞，孔凡晶，孙红立，2010）。

另外，员工依存的具体情境由于国别、民族、文化等诸多复杂因素的差异，从而导致其对于组织的态度及行为也存在差别。在全球化的同时，包括中国文化在内的本土文化情境如何影响着员工的组织承诺尚需要进一步研究。

然而，既往对组织承诺影响因素的研究多采用环境和组织视角，研究来自环境和组织的信息刺激对承诺形成影响的研究模式，缺乏以被组织管理的"体验者"身份视角即员工个人视角进行研究（张旭等，2013）。站在"体验者"立场的员工个体角度，一系列关键问题迄今为止仍需解答，例如对影响组织承诺的因素的研究当前主要采用主观知觉测量的研究工具（张玮，刘延平，和龙，2015），这些研究工具在应用时会受限于员工的意识功能，能否有效地探析个体的潜意识因素？目前发现的组织承诺的影响因素是否受到个体潜意识因素的影响？目前关于组织承诺形成机制的理论模型及影响因素理论模型是否还有进一步完善的可能？针对个体进行潜意识影响因素的研究是否能构建更为有效的组织管理策略及应用建议？以上问题均有待通过本研究得到解答。

另外，不同国家因国情、制度和文化的不同，以及在不同的时期，员工的组织承诺行为应该既有共性成分，也存在差异性成分。凌文铨等依据2000年的中国文化情境编制了适用于当时中国企业的中国职工组织承诺问

卷（凌文辁，张治灿，方俐洛，2000），该问卷所基于的文化情境是中国正
处于改革开放的转折时期，改革开放给中国企业和员工均带来巨大的变化。
总的来说，一方面，员工既有了择业的自由，但又面临择业难及工作不稳定
带来的挫折感；另一方面，员工对组织的依赖性减少。然而，随着中国社会
的不断发展，当今时代已与上述研究所处的文化情境发生了很大变化。一方
面，随着中国不断融入国际社会，中国企业和员工趋于成熟，对于来源于西
方经济模式下的聘用制已基本接受，而且随着包括医保和社保在内的社会福
利制度的完善，中国员工对于自身与组织的关系的态度已经发生了变化，既
往改革转折时期中国员工心理上的不稳定感、不安全感、失落感已基本消
失；另一方面，中国员工的物质生活质量普遍得到了提高，开始有了关注和
满足精神生活的需要，例如中国传统的生活方式、家庭观念等以及自我精神
发展等。以上两方面的因素都可能影响中国员工对于其所处组织的态度及相
互关系，因此有必要因时、因地制宜地在解决前述研究问题的基础上去进一
步探析中国员工组织承诺的结构特征，并通过定量研究的方法来检验前述研
究问题的结论，从而去探析中国员工组织承诺的深层心理学意义、文化意义
以及这两者的相互影响。

1.1.2　研究意义

本研究在经典扎根理论研究方法论的指导下，运用沙游技术作为深层心
理数据的挖掘工具，对员工组织承诺的影响因素进行深层心理分析，从而去
探析影响组织承诺的组织承诺结构与潜意识因素的关系，构建组织承诺的情
结因素机制理论模型，并以此为基础编制出符合中国文化情境的组织承诺问
卷，提出更为人性化的人力资源管理新策略，建构以限制性沙盘游戏为核心
技术的组织行为管理分析模式，具有理论和实践的双重意义。

1.1.2.1　理论意义

既往研究中对组织承诺的定义，本质特征归属于心理现象的描述是主要
的，例如心理现象、心理契约、规范压力、认同感、依赖感、态度、意愿、

行为等。但是由于组织承诺概念从其产生之初即位于经济学科领域的现实，对其研究的关注领域更聚焦在经济性活动（如社会交换）中，而单纯从心理学视角出发对组织承诺的研究很少。这样的研究偏向性则必然会失去对作为自然与社会中最为复杂的研究对象——人，特别是其更为复杂的研究部分——心理的准确性和正确性。事实上，既往研究极少探索影响组织承诺的个体心理情结因素，而按照心理分析学派的基本观点，心理情结是决定个体（员工）的大部分心理及行为活动的深层心理因素，因此个体的组织承诺很可能会受到心理情结的重要影响。总的来说，探索影响组织承诺的心理情结因素，并探析组织承诺其他维度因素与心理情结因素的关系有助于建构更为完善的组织承诺影响因素理论模型，从而为组织承诺的研究作出原创性贡献。

本研究采用扎根理论与潜意识心理信息挖掘技术——沙游技术相结合的研究范式来开展质性研究，探析新的组织行为学现象并提炼出新的理论，为编制符合中国文化情境的组织承诺问卷奠定理论基础，也为组织承诺及其影响因素问题的理论研究提供了新的方法，进而对组织行为及人力资源管理研究方法的多元化发展作出贡献。

1.1.2.2　实践意义

在当今时代，企业家及管理学研究者们开始特别关注人性化管理模式的优势，很多公司的管理者逐渐在实行人性化的管理方法，人性化管理模式已逐渐成为现代企业组织的主要管理模式。人性化管理主要是基于行为科学的理论，通过心理学对组织管理的指导，根据员工的特点而制定和采取具针对性的管理方法，从而提高管理效率。人性化管理也是管理学和心理学相互整合的结果，通过对"为了人"的价值理性思想与"利用人"的工具理性思想的整合，从而提高管理效率。人性化管理将人视为整个管理活动中的核心部分，按照尊重人性、满足人的各层级合理需求的原则来开展管理活动，从而达到激发员工积极性，充分发挥员工创造力（李志强，2011）。而精神分析或分析心理学正是探索人之本性的深层心理学理论和方法，能揭示组织管理中深层人性特征，对建立人性化管理的策略具有积极意义（商磊，2010）。

本研究在应用代表荣格分析心理学的理论和方法的沙游技术基础上，采取扎根理论的方法来分析个人在组织中的深层心理动力因素，进一步提出了以限制性沙盘游戏为核心技术的新型人性化人力资源管理模式，为各类组织提供符合人性化管理特征的新型组织管理应用建议。

另外，本研究也在前期质性研究中探析了中国员工的组织承诺结构，并在对既往同类问卷重新进行编订基础上，编制了中国员工组织承诺问卷，为测量中国员工的组织承诺作出了贡献。

1.2　研　究　目　标

本研究将各类组织中的员工作为访谈对象及分析对象，从而探讨员工组织承诺的组织承诺结构及情结因素。主要研究目的如下：

（1）探讨员工组织承诺的情结因素的类型和构成，以及传统组织承诺影响因素与情结因素的关系，构建组织承诺结构及情结因素机制理论模型。

（2）在前期质性研究基础上，对既往同类问卷重新进行编订，编制中国员工组织承诺问卷，以检验前期质性研究的结论。

（3）提出符合人性化管理特征的新型组织管理应用建议。

1.3　研　究　方　法

本研究主要采用扎根理论为主的质性研究方法与潜意识心理信息挖掘工具沙游技术相结合的研究范式。通过对理论抽样案例的限制性主题沙盘作品的意识文本和潜意识文本进行因果分析，发现问题并进行理论研究，最终通过持续比较分析的策略来进行理论的构建和解释。

选择质性研究作为本研究的手段，是考虑到个体的意识心理信息及潜意识心理信息存在丰富性和复杂性的特征，以及本研究的目的。本研究的目标不是单纯去验证某个既存的理论，而是着重去对员工的组织承诺情结因素、情结因素与组织承诺结构的关系进行深描和分析，从而探析影响组织承诺的潜意识因素特征，从员工的个体角度去了解组织承诺对于他们的心理学意义以及个体深层心理因素对于组织承诺的意义解释，揭示组织承诺的组织承诺结构与情结因素的机制理论模型。

　　具体来说，本研究采用了扎根理论、内容分析、文献分析、问卷调查等方法，分述如下。

1.3.1　扎根理论

　　质性研究是将研究者自身当作研究工具，在自然情景中采用各类资料收集的方法对各种社会现象开展探究，并运用归纳法来分析资料及逐步构建理论，在与研究对象的互动中对研究对象的行为及其意义来建构某种解释性理论的一种研究活动和方法。自 20 世纪 60 年代末以来，各类社会科学家普遍意识到一个问题：对于复杂社会现象的研究，单纯使用定量研究的方法存在一定局限性，定量研究的方法适合于宏观层面上的大规模的社会调查，但却不合适在微观层面上开展深入细致的动态研究。定量研究的方法不单将复杂动态的社会现象凝固化、量化和简化，还忽略了面对复杂的社会心理学现象时研究者自身对研究的过程及结果必然会产生的影响。

　　质性研究强调在理论成果上建构"扎根理论"，即以原始材料为基础去构建理论。在研究开始之前，研究人员通常没有理论假设。相反，他们带着研究问题，直接从原始数据中总结出概念和命题，然后上升到理论。扎根理论通常严格地遵循归纳及演绎的科学原则，还使用到比较、推理、假设检验和理论构建。如果前人建立的相关理论能够用来加深对研究成果的理解，可以使用现有理论；然而，如果这些理论不支持这项研究的结果，研究人员会尊重他们自己的发现并真正重现研究者的观点、观察问题的方式和视角。它强调理论的特殊性和情境性特征，通过理论抽样、数据收集和数据分析来建立与完善对某类现象的实质性理论。

1.3.1.1　扎根理论研究的理论取样

本研究采用的抽样方法是质性研究的理论抽样。理论抽样是扎根理论研究方法的基本特征，即根据研究目的和研究设计的理论指导来提取可提供最大信息量的研究对象来开展研究（Glasser & Strauss，1967，1998）。理论抽样和量化研究中的统计抽样或随机抽样本质上是不同的。

理论抽样是基于研究人员开发新思想或扩大和完善现有观念的可能性，并有意识地选择更多案例进行研究；研究人员最初执行"谁应接受访谈"的基本思路，随着访谈的进展，逐渐确定下一个采样对象是哪些人。随着访谈的继续，理论抽样的过程会持续下去，直到理论饱和。理论饱和的含义是指后续的数据已不能再添加新的概念或检验现有概念。

1.3.1.2　扎根理论研究的数据收集

本研究采用问题聚焦访谈法与沙盘游戏访谈法相结合的数据收集方法。问题聚焦访谈法最初是基于扎根理论的数据收集方法，是半结构化访谈方法的具体应用。它试图调和理论导向的访谈与开放式访谈之间的冲突，并使用归纳和演绎的交互方式来使研究人员获得更多有关研究主题的知识（Glasser & Strauss，1967，1998）。研究人员现有的理论知识在数据收集阶段扮演着"启动—分析框架"的角色，该框架为研究者提供了与访谈对象进行对话的问题思路。

问题聚焦访谈法主要是德国心理学家关注和应用的。它有三个主要特征：

（1）以问题为中心的导向：关注某些问题或现象。研究人员使用客观现实的理解来理解被访者的解释，并继续关注问题和疑问。

（2）以对象为中心的导向：根据研究主题开发和修改访谈方法。强调面对不同研究对象时必须具有灵活性，这反映了扎根理论认为研究者是主要研究工具的观点。在访谈过程中，谈话技巧也被灵活运用。

（3）以过程为中心的导向：问题聚焦访谈法不是典型的问答式量化访谈。它侧重于研究者和被试者之间的互动和讨论。研究者开始试图在对话中解释被试者的话语。建立研究者与被试者之间的信任关系非常重要，这种信任关系能增强被试者的记忆和反思（Witzel，2000）。

访谈提纲设计如表 1.1 所示。

表 1.1   **访谈提纲设计**

访谈主题	问题举例	目的	阶段	比例
工作单位主题聚焦	沙盘世界中有领导和其他同事吗？	确定沙盘作品中，代表被试者及其他工作人员的沙具，以及相互之间的关系特征和意义	协助被试者对"工作单位"主题的意识解读	10%
组织承诺表层因素陈述	按照重要性的先后顺序，请说明留在单位工作的原因有哪些？	确定被试者在意识层面对于自身组织承诺影响因素的内容和类型有哪些认识	协助被试者对与工作单位相关的组织承诺影响因素的意识解读	20%
意识与潜意识的因果联结	沙盘中哪些沙具或情境与这些因素有关？	通过被试者意识文本与潜意识文本的联结，探索意识文本的情结归因	意识与潜意识交互作用阶段，促进自由联想、积极想象和意象对话的发生	30%
组织承诺深层因素的表现	过去经历的事件中，产生了怎样的情感反应、想法（观念）和行为？	协助被试者尽量呈现影响组织承诺的情结类型和内容直至饱和	意识的分析和归纳活动增强阶段，仍保留对潜意识的体验活动	20%
组织承诺结构与情结因素的因果关系	你认识到在工作单位中最为重视自我成长与童年经历的因果关系了吗？	协助被试者分析和认识到影响组织承诺的组织承诺结构与情结因素的因果关系	意识的分析和归纳活动阶段，着重对组织承诺结构与情结因素的因果关系进行分析	10%
组织承诺影响因素机制归纳	能说说你认识到哪些情结因素和组织承诺结构是影响你在工作单位工作的原因吗？	促进被试者完成对影响组织承诺的组织承诺结构与情结因素的机制达成意识水平的稳定认知	意识的分析和归纳活动阶段，对影响组织承诺的组织承诺结构及情结因素的机制进行分析	10%

沙盘游戏访谈法是指在研究者的陪伴下，被试者从玩具架上自由挑选玩具，在盛有细沙的特制箱子里进行自我表现，研究者进而通过与被试者的谈话、促发被试者的意象活动的一种深度心理访谈技术。1929 年，M. 洛文费

尔德（M. Lowenfeld）创立"世界技法"以用于儿童心理干预。瑞士心理治疗家多拉 M. 卡夫（Dora M. Kalff）又在荣格分析心理学、游戏疗法、投射技术和客体关系学派的基础上发展了"世界技法"，并用英文 Sandpaly 命名沙游技术（张日昇，2005a）。

沙盘游戏访谈法主要基于沙游技术的实施。沙游技术的理论主要由分析心理学、客体关系理论、象征学理论、游戏疗法理论所构成，其方法论也受到易道哲学和佛教禅宗哲学的深刻影响。可见，沙游技术的理论构成非常复杂。

按照客体关系理论，如果被试者和研究者之间构建起了母子一体性关系（心理空间），如果再以沙盘为中心去创造一个外在的自由与受保护的物理空间，那么在这两种空间里可以使被试者的自我得到最大程度的自由呈现（包括潜意识信息）。其中，潜意识信息则主要是通过沙具及沙具构成的沙盘情境故事的象征意义来表达的（申荷永，高岚，2004）。

沙盘游戏的具体策略是（Beatrice Donald，2014）：研究者以谦卑、共情和开放性的状态来逐渐理解这些象征性交流的意义；治疗师将试图通过将沙盘情境故事中的符号所反映的心理含义与对来访者所呈现问题相结合以理解来访者的潜意识过程和信息；通过口头和非口语对话的方式，治疗师帮助来访者叙述其沙盘情境故事，从而提升来访者对沙盘情境故事的理解；最后，在回顾沙盘情境故事的过程中，治疗师和来访者验证并确定在来访者变化中的意义。

沙游技术的设施构成：适合于个体的沙盘构成了第一要素，其规范尺寸为 57cm×72cm×7cm，内侧底面及四边均呈天空或海洋的蓝色，这让被试者有水或天空的感觉。沙盘置于齐腰高的桌子可以让被试者感受到自由控制的立体空间，并给被试者提供了一个自由表现自我内心的外在世界。沙是第二要素，其流动性、可塑性使被试者可随意地发挥自我想象力，用以构建起内心的任何内容。卡尔夫提出，沙是存在于自然界中的一种心理治疗物。同时，沙也被认为是构造象征世界的优质材料。冈田康伸曾认为沙盘中如大地一样平坦的沙地能够带给被试者以大地的感觉及归属感，并起到整合作用，同时他还认为在与沙接触的过程中如果能够调动其人类健忘的感觉技能，则能培养被试者的稳定感和安全感（张日昇，2005b）。沙具是第三个构成要素，被试者将沙具作为表现其内心世界的具象物，这些具象物是沙盘游戏中的"语言"。按照分析心理学的观点，沙具以象征性语言来表现或表达被试者的内心。沙具的种类包括：人物、动物、植物、家具、交通工具、生活中的各种存在物等。通常来说，沙具的数量越多越好，以便被试者能在构造沙盘作品的过程中充分地展现其表征潜意识信息的内容。

沙游技术能够应用于针对成人或儿童的心理测验。兰德列斯提出，沙盘游戏中选择的沙具能为儿童提供表达各种情感、探索其真实生活经验、检验现实的极限、不断发展积极的自我形象以及进行自我理解、自我控制的机会。正是基于沙盘中的沙具及沙具构成的沙盘情境故事对于潜意识具有象征意义的特征，彪勒最先开始使用沙游技术来进行心理测验的研究，其主要的目的是发展出一种科学指导原则来应用于对沙盘的理解，特别是开发出一种能区分异常人群和正常人群的测评工具。后来的研究者如博格和费希尔等继续了类似的研究，他们共同开发了称之为博格—费希尔世界测验的测评工具，效用与主题统觉测验、罗夏墨迹测验相似。事实证明，该测验是可用于观察成人的选择、动机及创造行为的非言语投射测评工具（张日昇，2005c）。沙盘游戏在心理评估和分析时则主要侧重于基于分析心理学理论的积极想象技术及投射技术的运用（蔡成后，刘姿君，2010）。如在深度对话时，辅导师（研究者）会问诸如"您看着她（象征实际工作中的某领导），发现什么吗？""想说点什么吗？"不断地采取现实对话（通过回忆与现实中的人和事联系起来）与意象对话（被试者面对沙盘情景故事的整体或局部，某个或某些沙具等自然产生的意象，并根据意象内容与沙盘作品进行对话）交互穿插的方式以促进被试者的人格结构的动力变化，即自我中的意识、个体潜意识、集体潜意识之间的相互沟通。分析心理学认为，正是这样的一个过程，被试者人格深层的信息逐渐呈现在其意识层面，为其意识所捕捉和觉察。这是采用沙游技术能获得被试者真实深层心理信息的理论基础。初始沙盘即被试者在游戏过程中完成的第一个沙盘作品。卡尔夫认为，初始沙盘具有重要意义，一方面其能展示被试者的心理问题所在，另一方面还能为被试者心理问题的解决提供线索和可能的方向。因此，作为讨论对象的初始沙盘，对其研究主要是基于沙盘游戏的潜意识、投射和象征符号的心理分析原理。大多数研究都是基于投射技术和评估的角度来探索沙盘游戏的诊断功能（王萍，黄钢，2007）。沙盘游戏访谈法主要应用于以沙游技术为心理咨询或评估工具的活动中，目的在于协助被试者通过具体的沙具（玩具）及其构成的具有丰富生动内容的情境故事去展现其意识世界和潜意识世界，通过意象对话、积极想象等技术去促进意识和潜意识的沟通，并建立意识世界和潜意识世界的对应性因果关系——即潜意识心理因素是意识和行为的根本动力性因素，并协助被试者去认识到这种因果关系，直面其中所蕴含的潜在信念、情绪或情感（张日昇，2005d）。

　　沙游技术能构建两类文本：一是与现实联结在一起的意识文本，二是与潜意识联结在一起的图像—意象文本。意识文本来源于沙盘作品制作者对沙盘作品中与现实相关的情境故事的叙事，潜意识文本来源于沙盘作品制作者对沙盘作品的象征性及回溯性叙事（情境故事可能是早期经历，也可能是潜意识内容的表达）。潜意识文本在表面上是对意识文本采取积极想象等技术获得的，但按照分析心理学的原理，潜意识文本实质上是导致意识文本的深层因素（见图1.1）。沙游技术之所以能应用于组织行为管理等研究中去探析导致个体表层心理特征的深层心理因素，原理即在于此（蔡成后，刘姿君，2010）。总之，沙盘游戏采取自由联想和积极想象等心理分析技术，将意识本身的认知活动及其所认知到的现实（包括组织环境、组织中其他的人员等）与个体的潜意识进行连接，从意象（沙具）象征中去发掘潜意识中的情结，并对意识中的观念和行为进行潜意识（情结）归因，从而去发现意识世界或现实世界现象的潜意识因素—情结。

1.3.1.3　扎根理论的编码

　　扎根理论的最大贡献还在于为数据分析提供了更一般的操作程序，它提出了开放编码、主轴编码、核心编码和理论建立四个步骤。

　　开放编码是分解原始数据，给出概念，并以新方式（概念）重组它们的过程。研究人员"悬挂"了个人偏见和理论假设，开放思想，从数据中去发现概念，分析概念属性和维度。

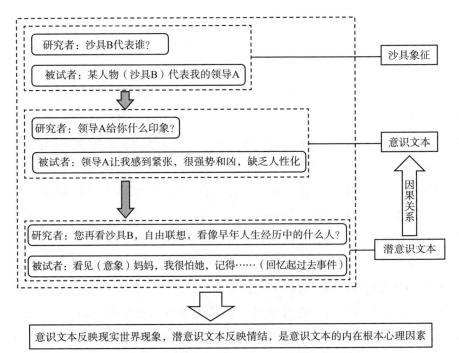

图1.1 以沙游技术为基础的心理分析式访谈法原理

资料来源：蔡成后、刘姿君《荣格积极想象技术与沙盘游戏疗法》2010年。

开放编码的第一步即使用概念来对访谈数据进行表达（Flick，2002）。数据能分解为各类的观念、事件和行为，并对这些概念进行命名从而来表征它们。命名既可以使用既有概念，也可以使用当事人原话，还可以使用研究者自己的语言来进行命名。在早期数据分析的阶段，需要对访谈文本进行密集分析，从而挖掘出各类概念及其属性。

在得到一些概念之后，一些基本代码可以根据它们的属性在较高抽象层次的概念下分类以形成类别。我们通常在分析软件中使用已建立的编码网络进行通用分析。概念的通用分析使我们能够减少分析工作单元的数量，并从众多基本代码中解放出来，思考理论的构建。每一个概念所构建的"砖"或"石"都有其不同的尺寸和特征，这些尺寸和特征是扎根理论的组成要素。在编码过程中，撰写分析备忘录是发现理论和概念的重要手段。所使用的技术主要是提问和比较，刺激分析师思考，并帮助提出关于概念的特征、维度或关系的假设。备忘录的组成是通过归纳、演绎和假设测试贯穿其中的一个过程。研究的过程可以追溯到找出所分析数据的理论意义，显示思想缺陷，并提高所收集数据的水平或减少。数据要丰富其内容，为后续的理论建设奠定基础。

主轴编码，其任务在于进一步合并前面业已形成的概念类属，并发现和建立概念类属之间的相互关系，如因果关系、情景关系、功能关系、过程关系、时间先后关系等。在主轴编码中，每次只对一个概念类属作分析，发现与其他概念的关联。通过对每个概念类属的渐次分析，最后可以形成一张所有概念类属的关系网。在主轴编码中，与研究问题最为相关的类属被挑选出来，以分析类属和子类属之间的关系。

核心编码是指一种或几种基本概念的泛型，它们在主轴编码所形成的许多概念类别中起着关键作用。这些关键概念具有较强的泛化能力和较强的关联技能。许多概念相关的类别都以广泛的理论为中心。基本概念是通过不断的比较和理论抽样，逐步提高抽取水平，形成高度内涵和高度抽象的名称作为基本范畴，成为理论的主要概念。这些关键概念便成为研究成果报告中的主题。

扎根理论采用归纳和演绎合用的原则，并运用比较、推理、假设检验和理论建构等方法，通过对详细的访谈数据进行归纳、比较、分析，概念及其关系的抽象层次会逐渐增加，最后形成所研究现象的理论模型。

1.3.2　内容分析法

根据斯蒂姆勒·S.（Stemler S.，2001）提出的"先验编码"方式，对于情结的编码应是属于内容分析法使用到一种编码方式。具体来说，依据精神分析学派中分析心理学及客体关系理论，情结的四维结构中的特定客体结构是与产生情结的个人经验事件相联结的特征性结构，是某情结区别于其他情结的标识。因此，在对情结进行编码时均以与个人经验事件相联结的特定客体进行命名和赋义：即在概念命名时以"客体＋情结"的方式进行，情结作为编码时的概念的定义均以客体作为定义核心；另外，名称相同的情结均归属于同一个名称的情结。但是鉴于情结编码的单一性特征，故在编码时并未事先编制编码表。

1.3.3 文献分析法

通过搜集并分析与本研究问题相关的信息载体（包括期刊论文、学位论文、图书等），一方面，了解有关该领域的科研动态和现状，避免本研究的重复性；另一方面，归纳相关领域的研究成果，并与笔者质性研究的结果进行对比分析，以构建新的理论。

1.3.4 问卷调查法

本研究进行两次调查包括：组织承诺预测问卷的编制与组织承诺正式问卷的确定及信效度检验。

（1）组织承诺预测问卷编制内容

按照前期质性研究结果及凌文轻中国员工组织承诺结构理论，形成预测问卷，原则如下：第一，选取题项，编写预测问卷的指导语和题项内容、序号；第二，进行预测调查是为了评定与修改预测问卷的题项，为最终确定正式问卷服务。

（2）组织承诺正式问卷内容

通过评定与修改题项后进行调查并检验信效度，最终确定正式问卷。

1.4 研究样本

1.4.1 质性研究样本

笔者质性研究的抽样方法是强度抽样、目的性抽样、滚雪球抽样相结合

（Flick，2002）。首先根据目的性抽样、强度取样抽取具有较高信息密度和强度的个案进行研究，其后则采取目的性抽样、滚雪球抽样和异质性抽样相结合来涵盖各行各业的被访者。为避免性别差异影响研究的结果，我们在取样过程中在以上性别维度特征上对被访者做了限制：被访者性别比例为 1∶1。

由于笔者质性研究所用的是基于沙盘游戏的深度质性访谈，每个访谈的持续时间要求在 1~1.5 小时区间范围。为了获得广泛的各行业人员的认知和参与，我们在广西当地心理协会等组织的支持下，通过商业写字楼区宣传栏正式宣传、已参加工作的学生或熟人介绍、网络招募等多种形式来招募被试者，并对每位完整参与的被试者给予 100 元的鼓励。对应试者采取边面试边筛选的方法，最终确定 12 位女性被试者和 12 位男性被试者形成我们的样本，故最终有效样本为 24 个。

24 位来自广西壮族自治区南宁、柳州、梧州等地区的被试者参加了此研究，其中包括学校管理人员、中学教师、教练、检察官、销售人员、政府干部、大学教师、合伙经营者、康复工作者等，具体见表 4.1 和表 4.2。

1.4.2 问卷编制研究样本

本问卷编制研究部分，采取的是随机抽样法。将广西壮族自治区南宁、柳州和桂林 3 个市市区的企事业单位员工作为调研对象，每个城市分别选取 2 个事业单位和企业单位，最后在所选取的单位中随机抽取年龄在 20~60 岁的员工作为研究对象。早期采用探索性因子分析法时，采用随机抽样的方法选取各企事业单位员工 502 名，最终选取被试者 482 名，被试者构成见表 5.1；后期对问卷进行验证性因子分析时，采用随机抽样的方法选取各企事业单位员工 382 名，最终选取被试者 367 名，被试构成见表 5.2。

1.5 研究框架

本研究首先根据研究背景和现状确定拟研究的主题，并就此进行文献回顾和探讨，同时在预访谈的基础上，提出了围绕"组织承诺影响因素"开展的沙盘游戏访谈方法，建立了本书的研究框架，并按照研究目的选择相应的研究方法：即沿着"组织承诺及其影响因素研究背景——文献综述——个案组织承诺限制性主题沙盘游戏制作及心理分析式访谈——运用扎根理论的研究方法，从因素归集、概念界定和模型构建角度构建组织承诺结构及情结因素机制——多个个案组织承诺限制性主题沙盘游戏制作及访谈——采用扎根理论等质性研究方法，从因素归集、概念界定和模型构建角度构建组织承诺结构及情结因素机制理论模型——基于前期质性研究的结果及凌文辁的中国员工组织承诺结构理论编制组织承诺问卷——提出符合人性化管理特征的组织行为管理及人力资源管理新策略——建构以限制性沙盘游戏为核心技术的组织行为管理分析模式"这条基本研究思路，分析研究本书所提出的研究目标。章节安排如图1.2所示：

第1章，引言。主要介绍研究的背景、选题原因、研究意义、研究目标、创新贡献点，并概括说明了研究思路和本研究总体的结构。

第2章，基础理论与文献综述。在该部分首先介绍与本研究有关的各学科基础理论，包括社会交换理论及其对组织承诺形成的影响，精神分析学派的内驱力理论（力比多理论）、心理结构理论（人格结构理论）、情结理论、客体关系理论，然后对组织承诺的概念和结构的相关研究进行综述，从而提出基于文化情境和个体心理的复杂性以及文化情境影响对组织承诺的内涵及结构组成的深刻影响，个体心理基础上的组织承诺的内涵及结构组成应该是未来研究需要特别关注的领域。接着对组织承诺影响因素的相关研究进行综述，由此提出探索组织承诺的情结因素以及情结因素与其他维度因素关系的必要性和重要性。

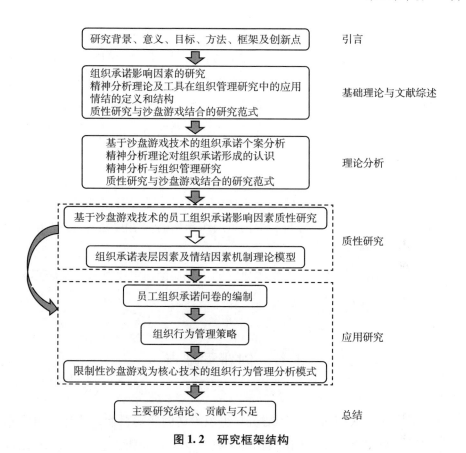

研究背景、意义、目标、方法、框架及创新点　　引言

组织承诺影响因素的研究
精神分析理论及工具在组织管理研究中的应用
情结的定义和结构　　　　　　　　　　　　　　基础理论与文献综述
质性研究与沙盘游戏结合的研究范式

基于沙盘游戏技术的组织承诺个案分析
精神分析理论对组织承诺形成的认识
精神分析与组织管理研究　　　　　　　　　　　理论分析
质性研究与沙盘游戏结合的研究范式

基于沙盘游戏技术的员工组织承诺影响因素质性研究

组织承诺表层因素及情结因素机制理论模型　　　质性研究

员工组织承诺问卷的编制

组织行为管理策略　　　　　　　　　　　　　　应用研究

限制性沙盘游戏为核心技术的组织行为管理分析模式

主要研究结论、贡献与不足　　　　　　　　　　总结

图 1.2　研究框架结构

第 3 章，理论分析。首先采取沙盘游戏对多次离职个案进行质性分析，发现存在影响组织承诺的深层心理因素—情结，以及组织承诺的结构受到文化情境的影响而具有区别于 Allen，Meyer 的组织承诺三维理论的其他的维度，从而探析精神分析理论对组织承诺形成的可能影响，进而提出精神分析理论及工具对组织承诺研究的可行性及有效性。然后，从整体上对精神分析理论及工具在组织管理研究中的应用进行分析，由此进一步支持以沙游技术为工具从心理分析角度研究组织承诺影响因素的可行性；并对情结的相关研究做文献分析，以明确情结的定义和内涵；最后对质性研究与沙盘游戏相结合的研究范式做了文献分析，提出沙盘游戏与质性研究相结合的研究范式将有助于探索现实文化情境下个体组织承诺的因素结构、深层心理因素以及两

者关系，是本研究的主要研究方法之一。

第4章，质性研究。按照沙游技术与扎根理论相结合的研究范式，采取理论抽样、滚雪球抽样方式选取多个个案对其组织承诺影响因素进行质性研究直到理论饱和，最后构建组织承诺结构及情结因素机制理论模型。

第5章，基于质性研究结果的组织承诺问卷编制。在前面质性研究结果的基础上，结合凌文辁编制的中国员工组织承诺问卷，对中国员工组织承诺问卷重新进行编制，从而检验前期质性研究的结论。

第6章，基于组织承诺的组织管理应用建议。通过前述研究结论，结合相关研究领域的文献比较分析，提出以组织承诺的情结因素模型为理论基础的组织行为管理策略。

第7章，结论与展望。总结本研究的主要结论、主要贡献以及研究不足和未来的研究方向。

1.6 创新贡献点

（1）通过首次探索员工情结对其组织承诺的影响机制，构建了由组织承诺结构十维模型、组织承诺情结因素模型及因果模型组建的组织承诺结构及情结因素机制模型。

（2）基于沙游技术构建了本土化的"组织承诺问卷"。

（3）探索了一种新的研究范式，即沙盘游戏与质性研究相结合的范式。这种范式有利于进入研究对象的深层心理进行深描，从而去探索包括一般深度访谈也难以企及的领域中的研究数据。

第 2 章 　基础理论与文献综述

2.1 　社会交换理论

2.1.1 　理论渊源

贝克尔（Becker，1960）最初提出组织承诺这个概念时，将其视为一种心理现象。他认为组织承诺是因为随着员工对组织的投入增加，促使员工继续留在组织中的一种心理现象。贝克尔从霍曼斯（Homans）等的社会交换理论出发，认为个人对组织的承诺事实上是由于个人能够获得对组织投入的回报（Cropanzano R & Mitchell M S.，2005）。组织承诺正是基于员工—组织关系所建立，员工以工作与组织换取报酬，以组织承诺换取组织的关心和支持；组织也通过支付报酬和关心等换取员工的工作效率和价值；员工与组织间的关系本质上就是各类社会交换关系的一种而已（Rhoades & Eisen-ber-ger，2002）。

斯金纳的操作性行为主义理论实际上对霍曼斯的社会交换理论产生了深刻影响。行为主义社会学家关注的是个体行为对环境的影响，以及对个体后续行为的影响，以上影响事实上是基于某种特定关系，而这种特定关系遵守的正是操作性条件反射或者"行为被其后果改变"的学习过程理论（Bald-win，1986）。霍曼斯深受行为主义思想的启发，其对小群体进行社会学研究时，进一步证实了行为主义是适用的。1961 年，霍曼斯的代表作《社会行为：它的基本形式》阐述了社会中个体交换行为的行为主义思想，代表社会交换理论作为社会学的一个重要组成的诞生（George Ritzer，2010：218）。

社会交换理论还受到新古典经济学的理性选择理论的影响。德布拉·弗里德曼和迈克尔·赫特（Debra Friedman & Michael·Hechter，1988）将各种不同的理论模型建构成为理性选择理论的整体模型。理性选择理论的基本原理是源于新古典经济学以及功利主义和博弈论（Levi et al.，1990；Lindenberg，2001；Simpson，2007）。理性选择理论认为行为者的行为是具有目的或有意向性的，可以理解为行为者有偏好（价值观、效用）。理性选择理论关注的正是行为者采取行动来实现与其偏好一致的目标这一特征。

人类学家的研究成果也为霍曼斯的社会交换理论提供了很多证据。马塞尔·莫斯认为社会交往产生了道德和社会规范；列维·斯特劳斯认为社交是至少两个人以上的个体间的交流活动。社会规范和社会交往伦理对这些交流活动能起到约束作用（周志娟，金国亭，2009）。霍曼斯最终接受了人类学家的研究成果，承认交换是人类社会生活中的普遍现象，并提出人类已经从经济交换演变为社会交换。他们从简单的材料交换演变为材料和非材料的组合交换（张彦军，2007）。

2.1.2 理论构成

2.1.2.1 霍曼斯的社会交换理论

霍曼斯社会交换理论的核心部分由六项基本命题所构成。他坚信任何个体行为都必然存在心理基础，心理学的解释是对社会行为的本质解释。霍曼斯坚信其命题是基于心理学原理的原因主要有两个：一个是"他们通常是由自称为心理学家的人员进行陈述和经验测试"（Homans，1967：39 - 40）；另一个是立足于社会中的个人这样一个水平来进行研究的，即"他们是关于个人的行为，而不是关于团体或社团的命题"（Homans，1967：40）。这六个命题分别解释如下。

（1）成功命题

在人们所采取的所有行为中，越是经常被奖励的特定行为则越有可能被继续执行。一般来说，与成功命题有关的行为包括三个阶段：首先是人的行为，其次是行为的奖励结果，最后是重复最初的行动。

对于成功命题，霍曼斯指出：首先，尽管报酬增多会导致行为也增多，但这种报酬不可能无限期地继续下去（George Ritzer，2010：423）。因此，个体不可能频繁地进行某类行为。其次，奖励与某种行为的间隔时间越短，个体要重复某种行为的可能性越大；相反，某种行为与奖励之间的间隔时间越长，则会降低重复某种行为的可能性。最后，间歇性奖励比常规奖励更有可能引发重复行为，定期奖励会导致反应疲倦，而不规则间隔的奖励则更可能引发重复行为。

（2）刺激命题

相同的刺激可能会带来相同或相似的行为。若个体在过去的特定情况下获得了报酬，那么当相同的情况发生时，他会重复该活动。相反，如果某种行为的结果导致其受到惩罚，那么个体可能采取措施避免类似的行为（George Ritzer，2010：423）。

（3）价值命题

霍曼斯提出奖励是具有积极价值的行为，奖励的增加更有可能引起所需的行为（George Ritzer，2010：424）。惩罚是具有负面价值的行为，增加处罚却并不太可能让行为者表现出不希望的行为。因此，霍曼斯认为惩罚是改变行为的低效率的手段，最佳的策略是不奖励不良行为，那么不良行为最终会消失。

（4）剥夺—满足命题

个体如果在近期内越是频繁地得到某种报酬，则随着报酬的增加，个体所能获得对此报酬的满足感、价值感就会减弱。剥夺意指个体在得到某种报酬至下次得到该报酬之间所经历的时间长度。满足是指个体在近期内得到的报酬带来的满足，从而使其暂时不需要更多的报酬。霍曼斯的这个命题是对前三个命题的限定，即时间因素对个体的行为、获得报酬的满足感均具有限定性（George Ritzer，2010：424）。因此，需要适当终止报酬即间歇性地给予报酬（剥夺），这样才能重新唤醒个体之前的行为。

（5）攻击—赞同命题

此命题包括两个方面：一方面，若个体的行为未获得预期的报酬或遭受到意料外的惩罚，个体会产生负性情绪，并由此会采取各种攻击性行为，这些行为结果也许对其更有意义。另一方面，若个体的行为获得了预期的报酬或未遭受到意料中的惩罚，个体会产生正性情绪，并对这些行为表达赞同，且这些行为结果的意义也会增加（George Ritzer，2010：425）。

（6）理性命题

前述五项命题是构建于行为主义学说的基础上，但理性命题却是建立在理性选择学说的基础上。古典经济学理论认为个体能选择最大的利益，并以最小代价来实现其自身最大需要。霍曼斯采用了理性选择思想，提出个体在选择行动时，不仅考虑价值大小，还会考虑行为的成功可能性，即个体在选择时总选择获利可能性越大而其价值也越大的行为。他进一步提出，个体的选择行为会基于对成功、价值因素的考虑，若报酬价值大而成功率低，则会降低选择此类行为的可能性；反而价值小但成功率高则会提高选择此类行为的可能性。

霍曼斯的社会交换理论所确立的六个命题试图解释所有动物、个人乃至人类的行为，体现了理性和利益至上的原始经济学观点（George Ritzer，2010：425 - 426）。

2.1.2.2 布劳的社会交换理论

布劳的社会交换理论遵循了霍曼斯社会交换理论的基本心理原则。布劳（Peter Blau，1964：2）认为任何行为都可以转化为交换行为的两个先决条件如下：一是目标只能通过人际互动来实现；二是实现目的的必要手段。布劳的贡献在于"在社会过程分析的基础上分析个人和群体之间的关系，去理解社会结构。基本的问题……是如何将社会生活组织成日益复杂的人际关系结构"。布劳的目的是超越霍曼斯关心的社会生活的基本形式，并分析复杂的社会结构："研究面对面互动过程的主要社会学目的是为理解发展的社会结构奠定基础，表征其发展的新兴社会力量"（Peter Blau，1964：13）。

布劳将交流过程从人与人之间的微观关系推展到宏观关系，并设想了一个从人际交往到社会结构再到社会变革的四阶段序列：第一步是人与人之间的个人交易；第二步是地位和权力的分化；第三步是合法化和组织化；第四步是反对和改变（George Ritzer，2010：427）。

具体而言，布劳首先研究了微观社会结构中的社会交换。他发现，个人之间的社交交流是从社会吸引开始的。社会吸引是指与他人交往的倾向，是无论出于任何理由地去接近另一个人。如果有人希望从与他人交往中获得报酬，无论报酬是内在的还是外部的，他们都会被能够提供这些奖励的人所吸引。布劳认为社会吸引的过程导致了社会交换的过程，彼此奖励将保持相互吸引和连续性。

此外，布劳还研究了宏观社会中的社会交换，并构建了宏观社会交换理论。布劳发现团体交往与个人交往之间有一些相似之处：首先，团体之间的交往也受追求奖励的欲望支配；其次，团体之间的交往也大体经历"吸引——竞争——分化——整合"这样的过程。即团体会与可能的交往者表现出吸引力方面进行竞争，平衡的或者不平衡的交换关系将会出现。若团体间交换是平衡的，则会形成互相依存的关系；若是不平衡的，则会出现权力、地位的分化。当某一团体获得权力及地位，并和其他团体建立起依存关系，从而能有效控制跟从团体时，一个更大的整体也就形成了。因此，团体间的交换同样采用人际交换中的公平性原则（George Ritzer，2010：428）。

但是，布劳还发现两种交换实际存在差异性。在微观结构中，人际交换是直接的，而在宏观结构中，人际交换基本是间接的，成本与报酬的关系较远。因此，规范和共同价值观机制通过传递人际关系结构来实现宏观结构中的交换。

特别需要指出的是，布劳对于社会交换中报酬的论述对于后来组织承诺概念的形成具有基础意义。布劳将社会报酬分为内在性报酬和外在性报酬。他认为"内在性报酬，即从社会交往中获取的报酬，如尊重、感激、爱等；外在性报酬，即在社会交往外获取的报酬。如金钱、商品、邀请、帮助、服从等"。因此，他把社会交换分为三种形式：基于内在性报酬的社会交换，基于外在性报酬的社会交换及基于混合性报酬的社会交换

（George Ritzer，2010：429）。

2. 1. 2. 3 社会交换理论对组织承诺形成的影响

霍曼斯认为，社会行为是"至少在两人之间发生的、或多或少要获得报酬或付出成本的、有形或无形的交换活动"（特纳，2001）。组织承诺的形成可以把员工和组织看成是交换的双方，从社会交换理论的角度进行研究。布劳在继承霍曼斯社会交换理论的基础上，提出了自身的社会交换理论，主要包括公正原则和互惠原则。其中，公正原则是指个体间的交换关系越复杂，则越可能受公平规范的约束；在交换关系中，越违背公平规范，损失者越会制裁违规者。互惠原则是指个体间交换的报酬越多越能产生互惠义务，并促进后续交换；越违反互惠原则，损失者越会制裁违规者（特纳，2001）。

因此，可以认为组织承诺正是建立在基于以上社会交往原则基础上的两种特殊社会交换关系：一种是经济性交换关系，员工与组织建立稳定的交换关系，主要是为了获得稳定性，可见组织承诺从本质上说是一种规避不确定性的稳定经济性交换关系；另一种是社会性交换关系，员工与组织在长期稳定的综合性交换关系中形成了情感联结和道德规范联结，情感承诺和规范承诺实质上是一种社会性交换关系（刘小平，2000）。目前，关于经济性交换关系和社会性交换关系的研究逐渐出现融合的趋势，这种研究正受到研究者愈来愈多的重视（Lopes，1994）。

布劳（1964）认为在社会交换过程中，双方相互的道德规范度越高，社会交换关系就越稳定，双方从交换关系中获利的可能性就越大。这支持了规范承诺在社会交换中的价值和意义。有研究证实了员工与组织之间存在相互高道德规范度时，员工的情感承诺最高（Shore & Barksdale，1998）。

另外，布劳特别重视社会网络中的社会交换关系和行为，将社会网络的概念引入到社会交换理论中。由此，微观层面的个体社会交换行为与宏观社会背景联系起来，制约社会交换规范的文化情境因素、跨文化因素开始引起了人们的重视（Cook，Yamagishi，Cheshire，Cooper，Matsuda & Mashima，2005）。组织自身的文化受到所处国家和社会的深刻影响，包括组织承诺在

内的员工与组织的社会交换关系自然也被放在了更为广阔的文化情境下去
考察。

2.2 精神分析理论

2.2.1 理论渊源

精神分析学又被称为动力心理学，是现代西方心理学的主要流派之一，它形成于 19 世纪末。精神分析理论的奠基人是西格蒙德·弗洛伊德，他通过在临床心理治疗活动中对具有心理障碍的来访者心理活动进行详细的观察，并对所观察到的心理活动文本按照文化解释学的阐述模式进行解读（保罗·利科，汪堂家等译，2017a），从而建构出经典精神分析的核心理论。在其 1899 年出版的代表作《梦的解析》中，弗洛伊德首次提出了并在后来的作品中不断被修改的精神分析理论（Ethels. Person，Arnold M. Cooper & Gleno. Gabbard，2005）。

弗洛伊德在跟随神经科学家夏科学习后，提出了精神分析理论。弗洛伊德最初对脑瘫和失语儿童的大脑进行微观研究，接着跟随夏科对精神疾病特别是癔病使用催眠术进行治疗研究，但是弗洛伊德在这些过程发现被催眠者发生了强烈的情感依恋，这引发了弗洛伊德对个体深度心理机制的思索。在与约瑟夫·布劳尔合作探寻一种治疗癔病的新方法时，提出了"癔病主要来源于回忆"的观点，而这成为其发现潜意识理论的开端。

弗洛伊德也曾跟随生理学家布吕克学习，并提出了精神分析的技术。受到布吕克认为生命机体是一个动力系统并服从化学和物理学规律的观点启发，弗洛伊德将这种动力生理学的思想和理论发展到研究人类的精神世界，研究人格结构中能量的转换和改变，从而创立了动力心理学的理论和治疗方法，也就是精神分析的技术和方法。

精神分析理论诞生之后，弗洛伊德的同道和学生又进一步发展了他的理论，拓展了旧的理论体系或建构了新的理论体系。精神分析学派通过不断发展，目前主要包含以下理论流派：弗洛伊德的精神分析理论；新精神分析学派，包括阿德勒的个体心理学和荣格的分析心理学；后精神分析学派，主要包括安娜·弗洛伊德的自我心理学和海默德的自体心理学派等。也有学者将弗洛伊德之后的精神分析发展分为四个支流：新弗洛伊德学派（主要指阿德勒的个体心理学和荣格的分析心理学）；后弗洛伊德学派（主要包括安娜·弗洛伊德的自我心理学和海默德的自体心理学派等）；精神分析社会心理学派（主要指霍妮和弗洛姆的理论）；客体心理学派（主要指玛勒等的客体关系理论）。

2.2.2　理论构成

2.2.2.1　内驱力理论

经典精神分析理论认为，内驱力是个体产生心理活动的本能性能量。内驱力是一种先天决定的心理成分，当它发生作用时能产生一种心理兴奋，这种兴奋能够推动个体的活动。这种活动一般也是由先天所决定的，但它也可以由于个体的经验不同而有一定程度的变化。弗洛伊德关于内驱力的理论假设其实是不断变化发展的。早期的内驱力理论将内驱力分为性驱力和自我保存驱力，但自我保存驱力的假设很快就被修正，而确定所有本能的活动都是性驱力的一部分，或者由性驱力所派生。后来，弗洛伊德最后修正了他的理论，在其代表作《超越快乐原则》中他所阐述的关于内驱力的理论，即心理生活存在两种基本内驱力，即攻击驱力和性驱力（布伦纳著，杨华渝等译，2000a）。简单来说，性驱力说明了心理活动的性欲成分，而攻击驱力代表了破坏成分。两种内驱力产生了相关联的两种心理能量：性能量和攻击能量。

精神分析理论认为，心理能量在婴儿时期就已在发挥作用，影响着婴儿的行为，并要求得到满足。成年后，这些心理能量后来转变成带来幸福及痛苦的性欲。这种内驱力会在个体不同的发展阶段投注到相应的客体，而不同阶段的儿童满足性驱力的客体和方式会有不同。比如，在口欲阶段会以投注到奶头或乳房的方式（吸吮）来满足性驱力。这些发展变化是渐进性而非跳跃性的。旧的客体和满足方式甚至在新的客体和满足方式已经建立以后，还要保持一段时间才会逐渐被抛弃。那也就是说，前一阶段对某一客体的内驱力投注随着下一阶段的到来而逐渐减小。尽管这一投入减小，在新的阶段到来以后仍然还要持续一段时间，然后逐渐将投注转移到在这一新阶段中的客体上去。由此可见，在性心理发展的过程中。与内驱力相关的心理能量会从一种客体转移向另一客体，或从一种满足方式转移向另一种满足方式。

与内驱力理论相联系是固著现象。所谓固著，即大部分的心理能量在向下一客体转移投注时，有一部分仍然投注在原来的客体上。固著深刻地影响着个体的认知和行为特征，固著本来是心理发展中普遍存在的现象，但是当它过分时就可能会引起病理现象，如人格特征的变异或习惯性负性认知观念（布伦纳著，杨华渝等译，2000b）。

从普遍的心理学意义上来说，内驱力决定动机的方向和大小。另外，内驱力与需要是不同的。需要是个体感到某种心理或生理的缺乏而欲求获得满足的心理倾向，是产生内驱力的基础；而内驱力是作用于行为的一种动力，是需要寻求满足的条件。

2.2.2.2　心理结构理论

弗洛伊德在其著作《梦的解析》中首次提出了经典精神分析关于心理结构的理论。早期经典精神分析的心理结构理论将个体自我系统划分为三个层次：意识、前意识和潜意识（见图 2.1），此期的心理结构理论又通常被描述为"定位模式"（约瑟夫·桑德勒，克里斯朵夫·戴尔，阿莱克斯·霍尔德著，施琪嘉等译，2004a）。对于一般将心理等同于意识的观点，弗洛伊德指出："精神分析学不能把心理的主体置于意识中，但是必须把意识看作心理的一种性质"（弗洛伊德著，赖其万，符传孝译，1986）。因此，弗洛伊德把意识看成一种特殊系统的功能，是用来察觉精神性质的感觉器官。

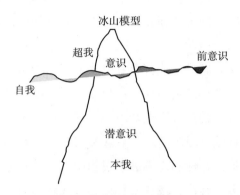

图 2.1　弗洛伊德理论的心理结构

资料来源：弗洛伊德《梦的解析》1998 年。

　　按照图 2.1 所示，意识的下层结构就是前意识。前意识具备意识的某些特征，是还未被意识所能认知的心理部分，也是潜意识向意识过渡或联结的部分。前意识具有暂时贮藏意识中信息的功能，这些信息包括意识中曾出现过的意念、意象等。前意识和意识之间呈现动态相互转变过程，即前意识在某些条件下会转变为意识，意识也会在某些条件下退行为前意识。另外，前意识也受到来自潜意识信息的影响，从而前意识信息中在实质上仍然是那些被意识所防御的内容，但是经过前意识与意识之间的筛查机制，前意识中被意识所认可的信息可以达到意识。

　　潜意识则是位于个体整个心理系统的最底层结构。按照弗洛伊德的观点，潜意识仍然是属于个体的心理结构，为了与荣格的潜意识观点作出区分，因此严格来说应称之为个体潜意识。弗洛伊德认为，潜意识是受到意识压抑而不能在意识中呈现出来的信息所存在的心理部分。前意识层与潜意识层之间也存在着筛查机制，此机制能阻止被意识所防御的潜意识信息进入到意识中。因此，"潜意识一方面包含着因种种原因而暂时不为意识所察觉，其余一切都与意识活动相仿的活动；另一方面又包含着种种被压抑的活动，它们肯定与意识中的其他活动形成鲜明对照"（弗洛伊德，车文博主编，1998）。弗洛伊德认为，梦和自由联想中的信息正是来源于潜意识，只有梦以及类似于梦的自由联想才能将潜意识所要表达内容呈现在意识层面。荣格按照这一思维范式则发展出了更多的技术来呈现潜意识的内容，笔者将在后面陈述。

事实上，弗洛伊德的心理结构论并非从一而终，后来他又做了重要的发展和补充。1923 年，弗洛伊德在其《自我及本我》一文中，将"他我——自我——超我"三重结构归纳进前述"结构"模式中，遂被称为"第二定位模式图"（约瑟夫·桑德勒，克里斯朵夫·戴尔，阿莱克斯·霍尔德著，施琪嘉等译，2004b）。其中，他我根据快乐原则进行操作，即寻求快乐，避免痛苦，并受到性驱力的驱使。自我则以现实的原则运作，并寻求适当的满足方式。超我是有意识的，代表着内化的父母（客体）或社会价值。对于一个健康的人来说，自我保持了他我与超我之间的平衡，并且以灵活现实的方式采取防御措施（Patrick Nicholas，2010）。经过弗洛伊德的修正，新的心理结构理论认为他我、自我与超我构成了个体的整个人格结构，在功能上是相互联系的，具有交互作用的心理内容。最后，弗洛伊德对新旧结构的关系做了阐释，他认为他我是存在于潜意识结构中的，主要指包含内驱力及与之有关的所有与生俱来和与之整合了的因素；自我处于意识层面并通常能被意识所察觉，自我是处理个人与其环境的关系的功能结构；超我也存在于意识层面并能被意识所察觉，包括对自我心灵的道德知觉及理想抱负（约瑟夫·桑德勒，克里斯朵夫·戴尔，阿莱克斯·霍尔德著，施琪嘉等译，2004b）。

需要补充的是，弗洛伊德认为最初个体的心理结构并非如此，他我是出生时最初的心理结构，自我与超我则源于他我，但随着成长过程而分化出来，成为独立的功能性实体。这种分化第 1 次的发生与自我的功能有关。在婴儿发展出任何一种道德感以前，婴儿对他的环境就具有兴趣，并能够对环境施予某种程度的控制。弗洛伊德认为自我的分化要远远早于超我，在个体生命的前 6 个月或 8 个月开始了分化，在 2 岁或 3 岁才分化完成；而超我的分化可能要到 10 岁或 11 岁才开始（约瑟夫·桑德勒，克里斯朵夫·戴尔，阿莱克斯·霍尔德著，施琪嘉等译，2004c）。

在弗洛伊德的心理结构理论基础上，荣格做了重要的补充和修正。1912 年，荣格在其著作《里比多转化的象征》中开始讨论"集体潜意识"及其"分析心理学"的最初设想。荣格认为，总体心灵包括三个层级结构：意识、个体潜意识和集体潜意识，分别有各自的内容和作用（见图2.2）。与弗洛伊德不同，荣格对潜意识的评介并不是本能性或阴暗性的，而是积极肯定潜意识的功能，他认为潜意识变成意识是一种创造过程（尹力，2002）。事实上，集体潜意识既是对弗洛伊德个体潜意识的发展，也是他自己的一种创造。荣格用集体潜意识来表示人类心灵中所包含的共同的精神遗传内容。或者说，集体潜意识中包含着人类进化过程中整个精神性的遗传，注入在我们每个人的内心深处（申荷永，2004b）。荣格在给集体潜意识下定义的时候，曾经这样说："集体潜意识是精神的一部分，它与个人潜意识截然不同，因为它的存在不像后者那样可以归结为个人的经验，因此不能为个人所获得。构成个人潜意识的主要是一些我们曾经意识到，但以后由于遗忘或压抑而从意识中消失的内容；集体潜意识的内容从来就没有出现在意识之中，因此也就从未为个人所获得过，它们的存在完全得自于遗传。个人潜意识主要是由各种情结构成的，而集体潜意识的内容则主要是原型。"（荣格，冯川编译，1997）可见，与弗洛伊德不同之处还在于，荣格又提出了个体潜意识是由个体情结所构成，集体潜意识则是原型构成的观点。关于情结理论，笔者将在后面详述。

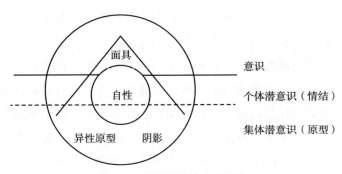

图2.2 荣格理论的心理结构

资料来源：荣格《里比多转化的象征》1912年。

2. 2. 2. 3 情结理论

经典精神分析最早提出情结的概念，但仅限于恋父或恋母情结的描述。情结是荣格与弗洛伊德合作时期所广泛使用的一个主要概念。但事实上，情结一词是由荣格最早使用于精神分析，他认为情结是由有关观念、情感、意象的综合体，还将其形容为"潜意识之中的一个结"。情结可以通过精神分析的一些技术来间接被观察到，通常是人格化的习惯性行为或观念的内在动因。1904～1911 年，他在词汇关联测验中发现受试者的行为模式暗示着此人的潜意识感觉与信念。情结后来被弗洛伊德的理论所吸收，成为精神分析学派一个基础概念。但是，弗洛伊德却仅仅认为情结是一种受意识压抑而持续在潜意识中活动的，以本能冲动为核心的欲望。与弗洛伊德不同，荣格认为只有形成心理创伤的创伤情结，才会导致心理疾病；而普通情结则是健康个体的多元化人格的基础（见图 2.3）。后来，荣格逐渐把情结理论视为其理论体系中的一个核心观点，并且情结这个概念也逐渐广泛地在心理学中被运用（杨韶刚，2002）。

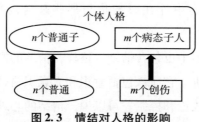

图 2.3 情结对人格的影响

资料来源：荣格《里比多转化的象征》1912 年。

情结的特征主要表现于其潜意识的情感力量而非理性意识。荣格曾称："情结这东西……是一种经常隐匿的，以特定的情调或痛苦的情调为特征的心理内容的聚集物。"后来的研究者在对情结进一步研究中发现：它们就像完整人格中一个个彼此分离的小人格，不仅是自主的，有自己的内驱力，而且可以强有力到控制我们的思想和行为。情结主要由早期的经验引起。童年是一个人人格发展的关键时期。当某种早期经验反复持续强化，而又没有合适的内外消解契机的时候，便可能产生长期后果。荣格认为，人的精神感受，无论是伦理和性欲之间，个人欲望和集体欲望之间，还是自然和心理之间，都是生命和发展过程中不可避免的方面。荣格提出，每一种情结不仅有个人经验作为其存在的基础，而且都有一个集体潜意识原型的核心。来源于个人经验的情结携带着一定数量的心理能量，但若这种情结和原型联系起来，它就能携带更多的心理能量，从而具有更强的动力作用。1928年，荣格在《心理能量》一文中提出了情结的"核心要素"概念，这在一定程度上使得对抽象的情结概念的理解更为具体并具有可操作性。荣格指出，情结——作为以情调方式分组的心理内容的群集物，由一个核心要素和许多附属的群集联想物组成。核心要素不仅是能量质（情调）的特殊焦点，而且是内容质、价值和意义质的焦点。荣格认为，情结的核心要素主要由两种成分所组成："第一是由经验所决定，并同环境有因果关系的因素；第二是个人性格所固有，并由个人意向所决定的因素。"也就是说，情结的形成一方面受外部的影响包括家庭、邻里或相关当事人及环境等；另一方面这一情结同样是从内在的思想和行为方式中产生出来的，而这些方式则是个人所固有的。因此，在情结概念中外在影响是与那些来自内部原因的影响紧密相关的。

在荣格看来，意识中也包含情结。这样，情结的概念便随之扩大。也就是说，从理想类型上讲，它应该包括意识和无意识两种在内。无意识程度越高，情结就越加难以改正和控制。可以说，情结的心理能量值或强度同情结的深度呈一种似正比例的线性关系。但荣格认为，大多数情结是存在于潜意识层面的，潜意识情结比较复杂；意识层面的情结通常比较简单。因此，从本质上说，情结是无意识的（赵书霞，刘立国，2009）。

如图2.4所示，总的来看，情结是以情感或情绪反应（E）为核心，包括认知反应（I）和行为反应（B）的综合心理反应模式，以及与特定客体相联结的个人经验事件（C）为次级组成的一种大部分存在于潜意识的心理内容聚集体，是对个体人格、各种认知性观念及行为模式产生决定作用的深度心理存在。

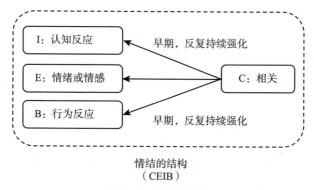

图 2.4　情结的结构

资料来源：荣格《里比多转化的象征》1912 年。

2.2.2.4　客体关系理论

客体关系理论是从经典精神分析发展而来，其核心概念客体也是由弗洛伊德最早提出来的。经过一段时间的研究，弗洛伊德开始关注人类心灵的组织过程，即他我、自我和超我的理论。1905 年，弗洛伊德在《性学三论》中阐述儿童焦虑的发生时，强调了客体关系的重要性。后来，他在其三篇论文：《哀悼与忧郁》（1917）、《团体心理学与自我的分析》（1921）以及《压抑症状与焦虑》（1926）中又粗略探析了客体关系：即个体人如何将外在的影响存在内化成为自心的一部分，以及如何对他人产生认同感，还有个体如何将自身的部分特质向外投射于他人，并对本属于自身的特质产生认同等。尽管弗洛伊德涉及了客体关系问题，但他并未将其发展为完善的客体关系理论。

真正构建起客体关系理论却主要归功于克莱茵和温尼科特。菲利普认为（亚当·菲利浦，龙卷风译，1991）："由克莱因发端而由温尼科特加以改造的，后来被称作英国学派的那些对象关系理论家们的一个贡献，就是将精神分析从性欲理论改造为一种关于情感本质的理论。"也是"由驱力结构模式向关系结构模式的转变"（王国芳，2000）。

客体关系理论认为心灵和构成心灵的心理结构是起源于人类的相互作用

（互动），而不是起源于内驱力。与其说人类的行为是受减轻内驱力的需求而驱动的，不如说是受建立和维持关系的需求而驱动的，是人类要彼此接触的需求才构成了客体关系观点中的原始动力。与经典精神分析有很大不同，正如奥图·肯柏格所认为的："在客体关系理论中，'客体'这一术语更为恰当地应该是指'人类客体'，因为它反映的是对此术语的传统用法……即与他人的关系。"客体关系理论中的客体指的是人类（谢尔登·卡什丹，鲁小华等译，2006）。但在弗洛伊德的理论中，客体却是内驱力的目标，客体既可以是人也可以是物。

客体关系理论其实也是关于人类人格结构及形成的理论。该理论认为，婴儿对其与母亲之间关系的体验是人格形成的原始决定因素，而婴儿对母亲的依恋需要也是婴儿期自体发展的激发因素。需要说明的是，"母亲"只是用来指在婴儿的日常照料中负主要责任的那个人，这个人可能确实是母亲（生母或养母），也可能是父亲（或其伴侣）、年长的兄弟姐妹、管家，或者更可能是他们的集合。客体关系跨越了个体内心和人际关系两个维度，它是指个体人格中内在各个部分所组成的系统，这些内在部分相互联系。此外，这些内在部分包括内在客体以及其他内在部分，而且内在客体与外在客体是相互作用的，因此，在任何关系中，双方的人格都在相互地彼此影响。个体的外在关系与个体的内在心理结构也在不断地相互作用（郭本禹，徐萍萍，2006）。

内在客体是心理结构的一个组成部分，它形成于个体在早年生活中对重要照顾者（如母亲等）的体验，在人格中就记录为那段早期关系留下的踪迹。需要特别注意的是，内在客体不是对外部事件的回忆，而是已经内化成为自我的组成部分。而外在客体是指关系中的重要他人，他人既可以是指早期的重要他人也可以是现在的重要他人。外在客体与内在客体有关联，因为内在客体是基于与原始外在客体之间的体验，并通过现在对外在客体的选择而得以体现。内在客体也会通过其与现在的外在客体之间的关系而得到修改。

2.3 组织承诺研究综述

2.3.1 组织承诺的概念和结构

20 世纪 60 年代早期，组织管理研究的文献中开始提及组织承诺。当时由于受行为主义思想的影响，组织承诺主要被视为一种行为来进行研究（Cynthia Ward Hackney，2012），即看作忠诚、对报酬的反应和对未来行动的承诺。到了 20 世纪 70 年代，研究者开始对组织承诺及其构成维度产生了更多的关注，同时开始将组织承诺视作一种态度来进行研究（Allen & Meyer，1990；Angle & Perry，1981；Buchanan，1974；Jaros et al.，1993；Mowday，1982；O'Reilly & Chatman，1986），但是仍未澄清承诺概念的内涵和外延。

进入 20 世纪 80 年代，承诺的研究扩展到组织研究的其他重要领域如工作满意度和员工流动等，承诺的结构也扩大到包括诸如对多个目标的承诺，对承诺的认知以及承诺的多样基础等方面。Morrow 首次对 29 个与承诺相关的概念和测量方法进行了分类，认为承诺可以分为五类：

（1）工作相关承诺，包括组织承诺和职位承诺；

（2）特定职位相关的承诺；

（3）工人组织相关的承诺；

（4）职业或专业相关承诺；

（5）组织相关的承诺（翁清雄，陈国清，2009）。

通过对以上几类承诺的区别，Morrow 和 McElroy（1986）对组织承诺的定义使得组织承诺成为一个具有真正独立内涵的概念。

事实上，Becker（1960）对组织承诺的定义是最早的。他认为组织承诺是指随着员工希望继续待在组织中工作的一种心理现象，是促使员工持续其职业行为的心理契约（马飞，孔凡晶，孙红立，2010）。Becker 主要基于经济理性人理论提出了组织承诺的概念，员工离开组织会造成其对组织在时间、精力甚至金钱上投入的损失。但回头来看，Becker 当时所提出的组织承诺概念实际上仅仅是后来 Meyer 和 Allen 研究所提出的持续承诺概念。后来 Meyer 和 Allen（1984）在前人基础上又明确提出了持续承诺的概念，概念的核心是员工与组织的物质利益交易关系带来的承诺，这为持续承诺成为组织承诺的基本组成奠定了基础。

Buchannan（1974）则关注员工的自身情感因素、价值观等因素，提出忠诚于与组织的关系的情感体验也是组织承诺可能的重要组成。Mowday（1979）的研究结论与 Buchannan（1974）的观点具有相似性，他认为组织承诺理应是员工对组织认同和参与的相对强度，并提出了组织承诺的三维认知理论。但是，他描述的是员工对组织的情感依赖。基于 Buchannan 和 Mowday 等的研究，Allen 和 Meyer（1990）对情绪承诺的概念进行了澄清，并明确定义情绪承诺是员工对组织依赖、认可和参与的情感态度。

Wiener（1982）尝试把组织承诺定义为员工内化的工作道德观念而使其采取的一种符合组织目标和利益的行为方式，这为规范承诺概念的提出奠定了基础。最终，在总结前人多个研究基础上，Allen 和 Meyer（1990）又正式提出了规范承诺的概念。从组织承诺的概念产生至今，研究者们对组织承诺的定义发生了各类变化，但"员工希望留在组织中的心理现象"应该是所有这些定义中最核心内涵（乐国安，尹虹艳，王晓庄，2006）。

组织承诺概念的产生和逐渐趋同得益于组织承诺类型模型学说的产生，而组织承诺类型模型学说却显示了组织承诺结构组成可能存在多样性基础的现实。Mowday 等（1982）第一次提出了组织承诺的类别学说，该学说认为组织承诺有三种类别，包括凝聚承诺、持续承诺和控制承诺，而认为每个员工都会同时具有以上三种类别的组织承诺。Meyer 和 Allen（1991）在 Mowday 等的基础上调整了自己既往提出的二维型组织承诺学说（Meyer & Allen，1984），并最后构建了组织承诺的三维型组织承诺类别学说，用以阐释以多个承诺为基础的三种类别组织承诺。Meyer 和 Allen 的三维型组织承诺类别学说关于组织承诺的首个结构是情感承诺，意指员工对组织产生的情感依赖、认同和参与。第二个结构是持续承诺，意指若员工离开组织会产生的各类损失。第三个结构是规范承诺，意指员工对留在组织产生的义务感。任何员工的组织承诺均是此三类承诺结构的不同程度组合（Meyer & Allen，1991）。尽管 Meyer 和 Allen 的三维型组织承诺类别学说并非组织承诺理论的唯一学说，但至今却仍是整个组织承诺研究体系中影响最广泛的学说（Klein，H. J.，Becker，T. E.，Meyer，J. P.，2009）。此外，影响力较小的一些研究又提出行为承诺是组织承诺构成的重要部分（Salancik，1982）。后来，Swailes（2002）将组织承诺拓展成为四类，即持续承诺、感情承诺、行为承诺和规范承诺，并强调员工行为的长期性、稳定性、目的性等三类特性是员工能产生其组织承诺的驱动因素。然而，Blau 和 Gary（2001）却将持续承诺继续分化出选择限制和累计成本承诺两个亚型结构，并最后将组织承诺整体上分为四类结构，即规范承诺、感情承诺、选择限制承诺和累计成本承诺。尽管 Meyer 和 Allen 所构建的三维型组织承诺类别学说在世界范围内影响广泛，但组织承诺组成结构的研究时至今日也方兴未艾。确实，组织承诺的三维型组织承诺类别被认为是组织承诺研究中的主导模型（Bentein，Vandenberg，Vandenberghe，Stinglhamber，2005；Cohen，2003；Greenberg Baron，2003）。然而一些累积性研究却发现该模型与实证结果并不完全一致（Allen & Meyer，1996；Ko，Price，Mueller，1997；Mc Gee & Ford，1987；Meyer，Stanley，Herscovitch et al.，2002）。为了使得三维型模型与现实情况匹配，研究者们已提出需要对既往的量表进行修订（Meyer，Allen，Smith，1993；Powell & Meyer，2004）。但是，也有学者认为这些研究结果并不是研究经验的不一致性或者错误研究操作导致的，而是来自更深层次的根本问题（Ko，J. W.，Price，J. L.，Mueller C. W.，1997；Vandenberg & Self，1993）。因此，近年来有研究者（Omar N. Solinger，Woody van Olffen，Robert A. - Roe，2008）建议采取还原主义的立场对组织承诺的定义进行恢复，即组织承诺的定义仍然应是员工对组织的态度，并提出未来的研究可以通过对组织的承诺态度的认知、情绪和行为构成成分的关注来提高现有测评措施的判别效度。中国学者凌文辁等考虑到中国社会情境与西方社会情境的差异性可能对员工组织承诺的影响，遂以当时的中国员工作为样本开展研究，通过对中国员工组织承诺的结构进行分析，构建了五因素模型学说（凌文辁，张治灿，方俐洛，2000；张治灿，方俐洛，凌文辁，2001）。后来，谭晟等（2002）又从中国珠江三角洲和长沙地区的企业选取被试进行研究，再次证实了凌文辁和张治灿等提出的中国员工组织承诺五因素模型。与 Meyer 和 Allen 所构建的三维型组织承诺类别学说不同，凌氏等构建的五因素模型学说将组织承诺分为规范承诺、感情承诺、经济承诺、理想承诺和机会承诺等五类结构，增加了经济承诺、理想承诺和机会承诺三种结构，删减了持续承诺结构。凌氏等认为，中国员工组织承诺的结构比 Meyer 和 Allen 所提出的三维型组织承诺类别多了"理想承诺"和"机会承诺"两个结构，应该是中国的文化情境与西方的差异所致。通过对近段时间以来对各种组织承诺的微观结构组成研究结果的荟萃分析也发现，各种研究所确定的组织承诺的多样性基础和承诺目标之间固然存在趋同，但也存在区别（Cooper – Hakim，Viswesvaran，2005；Meyer，Stanley，Herscovitch et al.，2002）。这些结构的区别性提醒研究者们，不能简单将这些组成结构归分在某一种组织承诺中，应承认有多种类型承诺的存在，这也是未来组织承诺研究的发展趋势。

总的来说，由于受到包括文化和个体心理等多种条件和因素的综合影响，组织承诺的内涵及结构组成仍然需要不断进行探索。考虑到文化情境和个体心理的复杂性，基于文化情境影响下的组织承诺的内涵及结构组成，以及个体心理基础上的组织承诺的内涵及结构组成应该是未来研究需要特别关注的领域。

2.3.2 组织承诺的影响因素

早期的研究发现，影响组织承诺的因素有四类：

（1）员工类别特征，包括人口学特征，以及个体的人格特征等；

（2）角色类别，包括职位及工作的范围，工作角色的挑战性、冲突及混淆等；

（3）组织结构类别，包括组织的规模、工会的介入、控制的幅度等；

（4）员工工作经验类别，包括组织的可依存性、个人的重要性、期望水平、团体的规范等（Mowday，Porter，Steers，2013）。

后来的一些学者通过对既往组织承诺的影响因素相关研究成果开展荟萃分析，发现组织承诺的影响因素共分为八种，包括激励、个人特征、工作满意感、工作压力、工作绩效、团队和领导关系、工作特征、组织特征等。每一种因素又可以分化出更多的变量，由此使得组织承诺的前因变量更为繁杂（Mathieu & Zajac，1990）。以下是构建的各类组织承诺影响因素模型学说：Steers 的前因后果模型，Stevens 的角色知觉模型，Morris 和 Sherman 的多元预测模型，Mowday 等雇佣早期的组织承诺形成模型，Meyer 与 Allen 的影响因素模型（张巧利，张红芳，2011）。目前的研究共识是：个体型因素、工作型因素和组织型因素三类是组织承诺的主要影响因素（马凌，王瑜，2012）。

参考前述三个因素维度理论模型，国内学者在研究实践中又将工作因素维度划分到个人因素维度中，将三因素维度降维为二因素维度：个体和组织。在变量选择上，采取预设性选择的方式对组织承诺影响因素进行选择性研究，并呈现在影响因素广度及深度上不断增加的特征。从选择广度来看，与人口统计学变量相关、与个体心理相关、与个体工作相关等是个体层面的主要选择方式；与组织性质相关、与组织情境相关、与组织管理相关等是组织层面的主要选择方式。从选择深度来看，不断探索上述两个层面中更为精细的因素，例如工作倦怠（李敬，钟晓菁，2009）、劳资关系氛围（胡恩华，2012）、组织政治知觉（李雪松，2012）等因素。对组织承诺的测评主要基于 Meyer 和 Allen 的三维型模型学说（凌文辁，张治灿，方俐洛，2000），因为三维型模型量表在应用过程中认为信度和效度较好而被广泛使用，但是在具体应用中存在一些争论（张勉，李海，2007），而中国学者凌文辁的五维型模型学说的应用较少。

此外，一些学者为更细致地阐释影响因素对组织承诺的影响机制又加入了各种控制变量、中介变量、调节变量。举例来说，一些研究发现，感知机会是职业成长与组织承诺间的调节变量（翁清雄，席酉民，2011a），心理授权作为中介变量在心理资本对组织承诺的作用中产生影响（孔芳，赵西萍，2011）。事实上，中介变量或调节变量是相对性概念，因此感知机会、心理授权等单独对于组织承诺来说就是组织承诺的影响因素。这样，导致组织承诺的影响因素在种类、结构上变得更为复杂。对截至 2017 年公开发表的相关中文研究文献进行分析，研究已涉及的组织承诺影响因素有 83 个变量，其中属于心理因素的变量有 18 个：员工公平交换观念、对领导信任度、满意度（凌文轮，张治灿，方俐洛，2001），工作生活压力（宋爱红，蔡永红，2005），工作价值观（施佳华，2007），工作倦怠（李敬，钟晓菁，2009），工作不安全感（胡三嫚，2012），角色压力（孙涛，樊立华，于玺文等，2011），基本心理需求满意度（张旭，樊耘，黄敏萍等，2013），人格特质、个人迁移成效（高丽，王世军，潘煜，2014），心理资本（仲理峰，2007），管理自我效能感（闫威，陈燕，2009），感知机会（翁清雄，席酉民，2011b），心理所有权（陈浩，2011），组织政治知觉（李雪松，2012），期望符合度（凌玲，卿涛，2013），心理授权（陈永霞，贾良定，李超平等，2006）。

迄今为止，国际上关于组织承诺影响因素的研究状况与国内基本类似（Normala & Daud，2010；I Yücel & Y Demirel，2012；L Mory，BW Wirtz，V Göttel，2015；Nazar Omer Abdallah Ahmed，2016）。国外的学者构建了组织承诺影响因素模型理论，并编制了组织承诺影响因素三维问卷进行研究，发现结构、行为和环境三个维度的因素与员工组织承诺存在显著相关性（Hossein Sotudeh Arani & Hamid Reza Emrani Nejad，2015）；另外一些国外学者更关注员工个性和心理需求等个人因素对组织承诺的影响，采用五大人格量表和组织承诺量表比较分析异质文化员工的不同人格对组织承诺的影响，有些研究者发现开放性和责任性等人格维度与组织承诺正相关（Abdul Raffie Naik，2015），有的研究发现个体渴望幸福的心理需求通过主观幸福感和工作满意度的中介作用对组织承诺有显著影响（Zahra Yarameshlu，Zahra Alinur Darvi，Jamshid Salehi Sadaghiani，2015）。

通过前述分析可知，目前对组织承诺个体心理因素的研究深度仍然不足，特别是对于人格因素及其具体内涵的研究极少。人格及其内涵极为丰富，一些更深层的心理因素很可能是影响组织承诺的直接因素，如各种类型的情结、移情反应等（范红霞，申荷永，李北容，2008；邓康乐，2011）。

以往研究中使用的研究工具和方法主要集中在主观感知评估方法上，从而采用访谈和问卷调查获得所研究变量的测试数据（张玮，刘延平，和龙，2015）。但是这些研究方法和工具在使用时主要受限于意识的功能，难以探析个体人格深部信息，因此采取一种能深度探析个体人格及其内涵的研究方法和工具对于组织承诺个人心理因素的研究具有积极意义。

再者，从既往研究来看，尽管对组织承诺的影响因素分为了个体和组织两大类，但是事实上具体的影响因素在数目及结构上却极为复杂，相关变量还在不断增加之中。至今尚无一种开放性的探析组织承诺影响因素的分析工具来评析具体个体员工状况，这对于组织承诺影响因素这样一个具有开放性广度和深度的概念的研究具有极大的局限性。事实上，在组织运营的现实环境中，每一个员工都会有影响其组织承诺的个性化因素，鉴于这些个性化因素涉及其切身利益及心理防御机制，因此现有的研究工具和方法可能无法完全真实地探索到这些个性化因素。基于精神分析的立场，可运用心理分析等技术去探析影响组织承诺的深层心理因素如情结因素等。按照精神分析学派的基本观点，心理情结是决定个体（员工）的大部分心理及行为活动的深层心理因素，员工的职场或工作活动也非常可能受到心理情结的重要影响。因此，探索影响组织承诺的情结因素，并探析组织承诺其他维度因素与情结因素的关系有助于建构更为完整的组织承诺影响因素理论模型。

2.3.3 组织承诺的研究范式和方法

从 Becker（1960）提出组织承诺的概念以来，组织承诺的研究几乎都基于以下的研究范式：首先根据各自不同的理论，研究者对组织承诺提出各自的定义，然后采用问卷测量法进行研究（鲁汉玲，2005）。早期关于组织承诺的研究主要关注其结构组成，所依据的理论主要有单边投入理论、规范—动机过程理论、认同过程理论、行为—意图模型理论和认知失谐理论等（胡卫鹏，时勘，2004）。

Morrow（1983）描述了 Meyer 和 Allen 以前组织承诺的研究状况："研究者对他人的研究甚少关注，而只是津津乐道于形成自己对组织承诺的定义，继而去开发量表对其进行测量。"这种研究范式和态度的后果之一是组织承诺的定义缺乏一致性。直到 20 世纪 90 年代初，Meyer 和 Allen 才更好地整合了以前的研究。1984 年，Meyer 和 Allen 分别整合了 Beker 及 Porter 提出的单因素理论，并提出了组织承诺的二维理论：组织承诺主要包括持续承诺和情感承诺。不久，Meyer 和 Allen（1990）又一次基于 Porter 和 Mowday 的合作研究正式提出了情绪承诺的定义，最后提出了组织承诺的三维理论：情感承诺，持续承诺和规范承诺。无论是二维理论还是三维理论，都是在上述研究者使用开发的相应量表测评基础上提出的。但是，从组织承诺的研究范式角度来讲，Meyer 和 Allen 仍然沿用的是早期研究者的研究设计思路，不同的只是两者的研究立足于对前人多个理论的整合。尽管如此，包括 Meyer 和 Allen 在内的前辈研究者们关于组织承诺的研究范式和方法对于未来的组织承诺研究却具有重要借鉴意义。因此，对于组织承诺的研究仍需扎根于具体的组织现实，从具体的现实中抽取样本，进行观察、访谈和测量。另外，通过大量的文献分析发现：不同的国家或地区所使用的组织承诺问卷和研究的内容竟然存在较多差异，这证实了文化等因素的差异对组织承诺的深刻影响，但也揭示出组织承诺的理论研究存在着一些缺陷。因此，有学者也提出需要对组织承诺的研究方法本身进行研究和改善（鲁汉玲，2005）。

按照科学研究问题的来源分类，大体上有观察现象、运用新方法、通过思考或与人交流获得灵感、阅读文献 4 种来源（陈晓萍，徐淑英，樊景立，2012）。早期的研究者对组织承诺的研究具有极大的开放性，通过不断地从具体组织现实（现象）中去观察和抽取样本进行测评，从而对组织承诺的内部结构有了越发清晰和明确的了解。事实上，正是通过这种研究范式，研究人员逐渐发现，组织承诺的内部结构目前还不能完全理解，因为文化、情境、心理等因素在世界各地存在着广泛的差异性，而文化、情境、心理等因素对包括组织承诺在内的组织行为学中的很多概念和理论有深刻影响（Huang & Bond，2012）。一些研究证实了上述观点，正如凌文铨（2000）等学者在调查中国员工组织承诺的心理结构时所发现的，以及 Meyer 和 Allen 提出的三维结构理论是源于西方文化情境。不同的是，中国员工的组织承诺包括五维结构：情感承诺、规范承诺、理想承诺、经济承诺和机会承诺。这些包括具有西方文化情境的同质结构和与西方文化情境不同的独特结构。而这样的研究不仅限于对组织承诺的研究，而且还延伸到组织行为和管理的其他领域（Huang, X. & van De Vliert, E., 2003；吴春波等，2009）。

从研究的哲学基础来看，20 世纪初至今，包括组织行为学在内的社会科学的研究范式早已从单纯的实证主义研究范式发展至实证主义与解释学研究范式交错共存的状态。社会科学研究范式的发展历史证明，实证主义的研究范式和解释学的研究范式都取得了各自的部分成功，且发展至今已出现互相融合的趋势（张庆熊，2010）。纯粹基于解释学研究范式的方法论主要有批判理论和建构主义，而后实证主义方法论则是实证主义范式与解释学范式的融合。扎根理论作为一种研究方法，其哲学的基础和本源是解释学的，即扎根理论的研究过程是一个研究者和被研究者相互参与的过程，研究者本人看问题的角度和方式、探究时的具体情境、研究者和被研究者之间的关系等都会影响到研究的进程和结果（陈向明，2000a）。王璐、高鹏（2010）等在梳理相关管理学研究文献基础上，通过对扎根理论在组织行为学和管理学研究中的适用性问题研究，发现扎根理论主要适用于研究个体对真实世界的解释或看法，归纳出适用于扎根理论的两种主要情景：第一种方法是通过对历史事件的回忆分析，在历史事件的构成中呈现各种因果关系；第二种是根据现象（现实情境及其中的存在）建构出概念或理论，并对这些概念的内涵和外延进行挖掘。建构的概念可能是新的概念，也可能是既往对该概念的界定与现阶段需要不符的概念。为此，研究者会采用扎根理论基于当下的现实情境对这些概念重新诠释。组织承诺作为组织行为学中一个重要的现象和概念，其实质是一种心理现象（乐国安，尹虹艳，王晓庄，2006）。作为一种心理现象，组织承诺必然一方面会受到个体自身的人格、个体所处的文化情境以及个体所处的现实情境（时间和空间）的深刻影响，一方面也必然会随之发生变化。由此可知，静态的观察和分析组织承诺的结构组成必然难以建构其真相和本质。因此，基于解释学研究范式的扎根理论方法，适用于组织承诺研究，特别是有助于在动态的时间序列中，在具体的现实情境和文化中，去探析组织承诺的内涵和结构组成。上述组织承诺的心理特征使基于心理学的技术和方法特别适合研究组织承诺。按照心理学的普遍观点，个体意识层面形成的感觉、观念（概念等）等认知活动是能为个体自我意识所察觉和反思的，这也正是实证主义研究范式所称之为科学研究的活动能够进行并完成的基本条件。正如实证主义研究方法的奠基者穆勒所强调的，一切有效的知识必须基于感性经验事实，必须能获得感性经验的证明。实证主义的感性经验也是基于个体的感觉，虽然个体间的感觉存在差异性，但也存在基本的共同性，差异性可通过构建客观准则如统一的度量衡及测量工具并进行标准化测量而消除。感性经验对于绝大多数人而言是公共可观察的，并能通过实行测量而量化，因此实证主义者所坚持的科学必需的客观性及精确性就能够建立起来。事实上，基于实证主义研究范式的组织承诺研究在过去的数十年中已对个体意识层面的信息进行了充分的探析和发掘。早期组织承诺的研究仿照心理测验技术，均采用问卷调查法来进行，以验证研究者们预先提出的各种关于组织承诺结构的理论假设；当前的组织承诺研究者也主要采取对组织承诺的前因和后果变量进行问卷调查分析，以验证这些变量之间的关系以及与组织承诺的关系（马海龙，2004；马飞，孔凡晶，孙红立，2010；刘小平，2011）。但量表或问卷调查能探析的信息主要来源于个体意识层面，对于潜意识层面信息的挖掘和分析几乎无能为力；而一些投射性测验尽管能探索潜意识层面信息，但是又欠缺相对性的意识控制，从而有目的地获得研究所需要的潜意识层面信息。

同时，心理学的另一个普遍观点却认为个体的心理活动是复杂的，这种复杂性主要表现在两个方面：一是个体整个心理活动主要由个体意识层面的心理活动和潜意识层面心理活动构成，个体意识层面的心理活动仅仅是个体整个心理活动中的一小部分，而且意识层面的心理活动受到潜意识层面心理活动的深刻影响和控制；二是个体心理活动也受到个体所生活的外部环境特别是社会环境（情境和文化）的深刻影响，而这种影响是纵向的。纵向的影响是指个体心理活动不仅受到当前时间状态的社会环境影响，也受制于过去时间状态中个体所遭遇的社会环境的深刻影响，同样过去和当前时间状态的影响会不同程度地延续至未来。因此，对于组织承诺的研究，考虑到组织承诺会受到的外部环境特别是社会环境（情境和文化）的深刻纵向影响，不仅需要基于实证主义的研究范式，更需要基于解释学的研究范式，采取研究者与被研究者（个体）进行相互对话，意识与潜意识进行相互对话的方式，去建构对于组织承诺的结构组成以及影响因素的理解。而能达成意识与潜意识进行相互对话，对组织承诺受到的这种外部环境特别是社会环境（情境和文化）的深刻纵向影响进行分析，只能是精神分析学派的心理技术，如自由联想技术、积极想象技术和梦分析技术等，但是这些传统技术均存在一个缺陷，即不能按照研究中需要事先确定靶目标或靶问题的研究设计去探析潜意识层面心理活动以及其与意识层面心理活动的关系。既往的组织行为学研究和管理学中采取的深度访谈法实质上也是借用了精神分析的理论和技术，但也受制于前述缺陷无法达成既定研究目标。

沙游技术基于象征主义的思想，受到精神分析学派中分析心理学理论的影响。但区别于经典精神分析技术的是，其在研究实践的操作中可以采取事先设定固定主题的方式来保证被研究者意识层面的心理活动及潜意识层面的心理活动在指导时间内主要专注于研究的问题或目标，从而达成研究效果。因此，沙游技术的这一特质弥补了传统精神分析心理技术的缺陷，具体来说，沙游技术可以让被研究者按照事先设定的研究主题制作一个初始沙盘作品，如研究被研究者的组织承诺的构成及影响因素，则可以让被研究者制作一个以《我和我的工作单位》为主题的初始沙盘作品。接下来，对被试者进行访谈，具体步骤包括：（1）被试者初始沙盘作品进行描述并分享给研究者；（2）按照因素的重要顺序，被试者说明留在单位工作的因素；（3）被试者指明与上述因素相关的沙具或沙盘情境；（4）围绕相关沙具或沙盘情境进行聚焦联想，（促使）与过去经历中的情结链接；（5）具体描述构成情结的人物、事件、情感反应、想法（观念）和行为。沙游技术的精神分析逻辑和方法具体见图 4.3。另外，在具体操作中，由于心理活动的发散性，被研究者可能会出现描述与组织承诺或其影响因素无关的信息的现象，研究者会提醒被试者，让其回归及聚焦至主题问题的访谈中，并继续围绕挖掘到的意识及潜意识层面信息进一步追踪询问，最终实现研究目的。

考虑到沙游技术既具有可扎根于现实情境的特征，又具有可扎根于个体潜意识的特征，因此基于解释学的研究范式，特别适合应用于研究在某种具体的情境或文化下组织承诺的结构组成及影响因素研究。所以，为了建构中国情境下的组织承诺结构组成及影响因素，从而建立中国情境下的组织承诺理论，可以使用沙游技术进行研究。

2.4　综述小结

组织承诺概念的产生源于社会交换理论，而社会交换理论的心理学基础是行为主义学说；另外，组织承诺就其实质来说，就是管理学领域中的一个心理学概念。因此，从心理学其他学派的思想去阐释和探究组织承诺的概念、结构及其影响因素是可行的。精神分析是心理学中历史渊源最深厚的学派，在探索深层心理因素及结构方面具有独特的作用，这是行为主义所不能企及的。由此，采用精神分析的理论、方法和工具去探析组织承诺的内涵、结构及深层心理因素既具有可行性，又具有重要性。

组织承诺的概念在既往研究中受到研究者不同理论视角的影响而不断发生变化，组织承诺缺乏统一的定义，出现了相对混乱的局面。因此有必要采取还原主义的立场，从组织承诺的实质是一个心理学概念的角度，去界定其内涵和外延，从而开展其结构的研究。关于组织承诺结构的研究，Meyer 和 Allen 在前人研究结果的基础上提出了组织承诺三维结构理论，该理论至今广受管理学领域的认可。但是包括中国学者凌文辁等在内的研究者所做的一些研究结论却发现组织承诺的结构会随着文化情境的变化而发生变化，特别是文化的异质性越大时，结构的变迁越为明显。因此，有必要研究在当前中国文化情境下组织承诺的结构组成，以及文化情境对组织承诺产生影响的机制，以及该机制与深层心理因素之间的关系。

既往对组织承诺影响因素的研究主要集中在组织层面，个人层面的研究虽然也涉及个人心理因素的研究，但是缺乏个人深层心理因素的探索。因此，有必要从个人深层心理层面去探索组织承诺影响因素的类型、构成及机制。

最后，在研究方法及范式上，沙盘游戏能让深层心理因素通过沙具构成的故事情境呈现在意识层面，并通过访谈获得对深层心理因素的挖掘和阐释；而质性研究对于复杂的心理或社会问题具有建构性的探索作用，特别适用于去发掘复杂现象后面隐藏的脉络和可能性规律。因此，质性研究与沙盘游戏的结合让组织承诺深层心理因素的探析变为可能，并更能为揭示组织承诺的结构及其与文化情境的关系提供了支持。

第3章 精神分析视角的组织承诺理论分析

3.1 精神分析与组织管理研究

过去 60 年，国际上关于工作、领导和组织心理动力学的研究获得了丰富的成果。时至今日，大量证据也证实了研究者对于将精神分析应用于管理研究工作的兴趣方兴未艾（Gilles Arnaud，2012）。Gilles Arnaud（2012a）指出：精神分析可以帮助研究人员通过考虑到潜意识的影响来发展对组织功能的更深刻理解。另外，精神分析还可以为组织管理研究作出认识论的贡献（Hirschhorn & Neumann，1999；Gabriel & Carr，2002）。

但也有研究者提出精神分析鉴于其理论上的某些限制，导致其应用于组织管理的研究存在一定局限性（Anderson & White，2003）。精神分析应用于组织管理研究的局限性主要包括：首先，精神分析方法难以在组织和人力资源的理论与方法框架内同化，因为潜意识概念的特殊性，使得难以确定个体其所言所行的内容（Halton，1994）；其次，有必要对分析概念进行重新修改，而不是直接将其应用于组织的运作，以避免截断的陈述和滥用，即使不是简单的虚假解释，这些解释往往会使组织问题产生心理上的扭曲（Lawrence，2000）；最后，精神分析伦理学倡导"个体"选择的中立性，拒绝对个体施加一点压力或权威。因此，就适应现实（如市场需求）或行使（特别是管理）权力而言，精神分析的使用带来了一些问题（Wozniak，

2010）。另外，潜意识本身的复杂性和某种不确定性使得对其的科学调查也难以展开，这需要在研究的方法学上进行改革和突破。

通过从方法学上去设置个人精神分析调查（Berg，1988；Gabriel，1999），组织和管理研究人员能够探索到被其他方法无法发现的精神现象（Gould，1991），并由此可能揭示组织导致的压抑，如抗拒变化的表现（Czander，1993）。作为精神分析基本技术的自由联想方法在这方面特别有用，因为它可以挖掘个体受压制的心理信息，这些信息不仅来源于隐性知识，而且也来源于意识的否定部分（Parker，2005）。其次，精神分析技术可以协助深入组织中的研究者更好地理解他们的研究背景，更好地分析他们与地域的关系（Shapiro & Carr，1991）。

对组织管理采取精神分析的方法来进行研究的一般采取两种范式。一种范式是研究组织的西方社会和文化的主要特征，考察组织对个人的要求以及组织对员工人际关系的影响、对员工情感生活的影响等。因此，可以使用精神分析方法来处理一系列组织现象，包括集体行为和组织凝聚力、领导和权威关系、心理契约和合规性，如组织领导者可以通过把自己置于员工潜意识中被其童年强大的父母（客体）占据的位置，从而对其员工产生巨大的影响力（Gabriel & Carr，2002）。很多研究者采用精神分析理论来研究组织对个人的影响，被称之组织精神分析研究（Sievers，1986，1994，2007；Schwartz，1990，2001；Carr & Zanetti，1999）。另一种研究范式则是干预式的，即在组织管理采取类似个体精神分析治疗式干预，找出员工压抑的潜意识力量，例如对于竞争、失败的恐惧，对于背叛的愤怒、失望和挫折等。过去 30 年里，受到客体关系学派克莱因的启发，英国的很多研究者采取干预式研究，开展了一系列旨在处理群体过程的干预研究。美国的研究者们则以精神分析理论和技术聚焦于领导者与下属关系的组织功能障碍开展诊断和干预研究，由此开创了组织精神分析干预研究的新模式（Zaleznik，1989）。

由此可见，既往的精神分析视角的组织管理研究者是忠实的按照经典精神分析的临床范式来研究组织，他们认为组织并非是理性、机械的，组织本身是有生命的（肖格格，2013），甚至 Diamond 和 Allcorn（2003）认为组织是无意识外化形成的自我体系。精神分析视角的管理咨询与精神分析心理咨询的精髓是一脉相承的，精神分析取向的咨询师倾向于采用一种临床诊断式的方式进行管理咨询与干预。因此，从精神分析角度来看，管理咨询的重点不在于组织的外部组成部分（如人员、财务、设施等），而在于组织成员日常生活的潜意识操作过程。然而，精神分析管理咨询师在实际管理咨询操作时，并不排斥与"客观现实"有关的资料，如组织的结构、设施、人员、财产等。只不过其更强调所谓的"心理现实"，并且十分重视分析具体、理性的组织动力背后隐藏的潜意识（Diamond & Allcorn，2003）。

事实上，近30年来，越来越多的研究者开始将精神分析应用于解释组织动力过程和发展管理技巧（Levinson，H.，1987）。但是中国从精神分析视角对组织行为进行研究的文献却很少见（马骏，叶娟丽，2001；徐彬，2006），而专门对组织承诺或其影响因素的心理分析研究的文献尚未见有报道（何龙山，2006）。凯茨·德·弗里斯（Kets de Vries）等（Kets de Vries，M. F. R.，Miller，D.，1987）曾对传统管理研究作出批评："有太多的管理学研究者，他们在研究组织时，局限于以非常机械的观点看待工作环境中的人。他们只看到了表面现象，而没看到深层结构。"实际上组织中个体的行为根植于潜意识，他们的行为受到个人潜意识与集体潜意识的深刻影响（Diamond. VI. Allcorns & Howard Stein，2004）。那么，从心理分析视角去探析组织行为管理中的各种现象，特别是那些涉及个性化因素的现象，就极为重要。

事实上，正如Gilles Arnaud（2012）所宣称的那样，精神分析的理论和技术可以首先通过帮助研究者考虑潜意识的影响来发展对组织运作和管理问题更丰富的理解，从而推动对组织和管理的研究。

沙游技术是建立在精神分析理论——主要是荣格分析心理学理论和客体关系学派理论——基础上的心理学技术。其应用研究近年来越来越受到重视，早期主要用于心理治疗和咨询的研究，随着沙游技术在各个领域的广泛应用，沙盘游戏也被作为分析和评估的工具用于心理评估和诊断。沙游技术能构建两类文本：一是与现实联结在一起的意识文本，二是与潜意识联结在一起的图像—意象文本。意识文本来源于沙盘作品制作者对沙盘作品中与现实相关的情境故事的叙事，潜意识文本来源于沙盘作品制作者对沙盘作品的象征性及回溯性叙事（情境故事可能是早期经历，也可能是潜意识内容的表达）；潜意识文本在表面上是对意识文本采取积极想象等技术获得的，但按照分析心理学的原理，潜意识文本实质上是导致意识文本的深层因素。沙游技术之所以能应用于组织行为管理等研究中去探析导致个体表层心理特征的深层心理因素，原理即在于此（蔡成后，刘姿君，2010）。

因此，若能将沙游技术应用于组织行为管理的研究，将有助于更为清晰和深刻地探析组织中个体的组织行为和组织心理特征的深层心理因素。

3.2 精神分析理论对组织承诺形成的认识

既往的研究均基于社会交换理论的角度去研究组织承诺，这与组织承诺概念的最初形成和社会交换理论存在着密不可分的关系。从心理学的视角来看，社会交换理论是建立在行为主义理论的基础上。而且，组织承诺基本上是一个心理现象，或者说社会心理现象，所以对其内涵及机制的研究必然也受到行为主义的深刻影响。但事实上，任何一个心理现象的内涵及机制，在心理学领域中的阐释并不局限于某一个学派或理论，既然能从行为主义理论的角度去阐释组织承诺，必然也能从精神分析理论的角度去阐释。

实际上，行为主义理论的代表人物斯金纳也承认弗洛伊德的观察是真实的，他怀疑的只是弗洛伊德对这些现象的解释（Skinner，1953）。为了理解和解释精神分析理论，斯金纳之后的一些行为主义者尝试用行为主义的术语来重新翻译精神分析的概念。后来大量的著名行为主义研究计划（Dixon，1971，1981）证实了精神分析的观点，即潜意识一方面获得证实，同时也被证实具有精神分析学派所认识的本质。这些研究工作采用潜意识的方式来呈现刺激，以表现出"感性防御""感性警惕"和"欺骗"等潜意识现象。感性防御是指难以识别威胁性刺激（高识别阈值），而感性警惕则指非常容易识别这种刺激（低识别阈值）。欺骗则涉及威胁刺激的生理反应，同时否认他们的现象意识。

弗洛伊德的心理结构理论既是所有精神分析学派的共性基础，也是结构主义社会学思想的基本来源。精神分析理论确定潜意识心智对意识知觉、行为影响，进而推广出这样的概论：个体所有的行为包括人格都不同程度地受到潜意识情结的驱动（沃特斯著，杨善华等译，2000）。事实上，人格是相当稳定的，且塑造了我们的行为（斯蒂芬 P·罗宾斯，蒂莫西·A·贾奇，李原，孙健敏译，2008a），而与之伴随的价值观也遵从同样的特征，即价值观是相对稳定和持久的，价值观中很大一部分内容在我们早年生活中就已经形成——是从父母、老师、朋友和其他人那里获得的（斯蒂芬 P·罗宾斯，蒂莫西·A·贾奇，李原，孙健敏译，2008b）。关于人格与价值观的关系，近30年来，很多研究者对人格对价值观的影响及原因做了深入研究（Furnham，2005），这些研究也都证实了人格对价值观的影响：人格特质从总体上决定人们看待世界的方式，包括了个体如何看待他的工作；人们在择业或择职时会受到其自身人格特质的影响。

正如精神分析理论所认识的那样，潜意识确实深刻地影响着个体的人格和价值观，进而可能影响组织承诺等组织行为学中的心理现象。但在组织管理研究领域，30年前的部分研究者竟还认为人格对组织内部的态度和行为的影响是有限的（Davis－Blake & Pfeffer，1989）。而现在的主流观点却是：人格与个人态度和行为以及团队和组织功能的相关性是不容置疑的。正如 Barrick 和 Mount（2005）所指出的那样：人格是个体组织行为的重要影响因素。而大量的数据也支持了以上结论（Hogan，2004）。因此，迄今为止几乎没有一个组织行为领域没有受到人格研究的影响（Timothy A. Judge，Ryan Klinger，Lauren S. Simon，et al.，2008）。具体到组织承诺与人格和价值观的关系，既往对组织承诺的前因研究也主要集中在外在因素——环境资源上，对人格特质等因素却关注很少（Judge，2002；Klein，2009）。

进一步来说，从精神分析理论的立场，按照情结影响人格（及价值观），人格（及价值观）影响组织承诺的因果思维步骤，从逻辑上可以推定情结对组织承诺会产生影响。但问题的关键是，情结对于组织承诺等心理现象的具体影响机制迄今为止少有研究者进行探索：即个体潜意识中的情结是如何影响组织承诺的，情结的类型和内容与组织承诺的亚型存在何种关系，组织承诺的前因与情结的具体关系如何等；以及组织承诺作为一种心理现象，它的内涵和形成具有何种精神实质，精神分析理论会对组织承诺概念的内涵和形成机制产生什么影响？

3.3　质性研究与沙盘游戏结合的研究范式

质性研究是以研究者自己为研究工具。在自然环境下，研究者利用各种数据收集方法（访谈、观察和实物分析）对研究现象进行深入全面的研究，从原始数据中逐渐形成结论和理论。通过与研究对象进行互动，来构建对其行为和意义的解释性理解。自 20 世纪 60 年代后期以来，社会科学家越来越意识到，仅使用量化研究的方法来研究复杂的社会现象具有一定的局限性。量化研究适合在宏观层面进行社会调查，但不适用于对微观层面的详细和动态研究。量化研究不仅简化、量化和巩固了复杂流动的社会现象，而且还忽略了研究者对研究过程和结果的影响。

Matthew B. Miles（2015a）等提出质性研究至少有两种有用的方法可以建立代码，其中一种比较倾向于归纳的方法，研究者在搜集资料前，并不需要预建代码系统；等拿到资料后，再来看资料在脉络中的作用与位置，以及资料的变异情形。这种建立代码的方法基本上是"扎根理论"取向的，其最早是由 Strauss 和 Glaser（1967）所创，后续的研究又有了很多的发展。这种方法并不预定任何代码，代码是在阅读资料时渐渐出现的，乃是让所搜集到的资料去形塑出代码系统，这样的代码系统乃是更能表征出这些资料的特色的东西。扎根理论的研究方法严格地遵循归纳和演绎的科学原理，它还使用推理、比较、假设检验和理论建立。如果前人建立的相关理论能够用来加深对研究成果的理解，则可以使用现有的理论；然而，如果这些理论不同意这项研究的结果，研究者会尊重他们自己的发现并真正重现被研究者的观点、看问题的方式和视角。扎根理论强调理论具有特殊特征和情境特征，通过理论抽样，数据收集和分析，来建立和完善某一现象的实质性理论。

　　个体心理现象特别是潜意识相对于社会现象的复杂性可谓有过之而无不及，因此在微观层面对个体心理世界进行细致深入的动态研究，必须应用质性研究的方法，而为了探索个体潜意识世界又必须使用到心理分析的技术和工具。而沙游技术通过对意识文本和潜意识文本的访谈可以获得大量有深层心理学意义的个性化质性材料，这些质性材料既有隶属于意识层面的认知和情感内容，也有来源于个体潜意识和集体潜意识的深层心理内容，如能在研究方法上将沙盘游戏与质性研究进行整合，则会推动包括组织行为管理在内的各社会学科的研究。目前将沙盘游戏应用于质性研究的学科领域主要局限于心理学领域，如 Larissa Lagutina 等通过扎根理论的方法探析沙盘游戏治疗伴随心理问题的躯体疾病患者的疗效和机制（Larissa Lagutina，David Sperlinger，Alexander Esterhuyzen，2013）；采取扎根理论的方法，程华等研究者选取了一些问题儿童的初始沙盘作品来进行编码，通过三级编码后得到具有一定有效性和稳定性的沙盘主题编码表（程华，章小雷和吴梅荣，2011），Toshihisa Kawahara 采用案例研究法对日本男孩在咨询中出现的沙具形象和意象进行分析（Kawahara Toshihisa，1998）。

　　沙游技术是一种心理分析技术，具有对个体心理潜意识层面信息进行深度挖掘的优势。传统上，沙游技术主要采取从沙盘作品的主题、沙盘作品的中心区、沙箱空间利用、沙子的使用、玩具选择与摆放、场景及整体情境等7 个方面来分析沙盘作品（陈顺森，2013）。随着沙盘游戏阿德勒学派的崛起，以及近年来质性研究方法的发展，沙盘制作者的主观感情和叙事故事开始受到重视。实践发现，一些沙盘作品的内容更能揭示反映的各类问题，而另一些沙盘作品的描述故事则更有助于理解沙盘作品表达的意义（Dale M A & Wagner W G，2003；Danielle Margaret Forsyth，2011）。Vaz（2000）视沙盘创作单元是现象学式的评量，可以提供增进个人对特殊议题及内在生活世界的分析。采取现象学的立场去评析，对沙盘作品的信息挖掘不仅基于沙盘作品的图像特征及形式的意义，沙盘作品的内容所呈现的信息也是重点。因此，将质性研究方法与沙盘游戏整合开展研究更有助于对研究对象深入细致地分析。

　　正是因为如此，质性研究将逐渐广受重视而成为沙游技术评估的研究典范。沙盘游戏本身的模式中图像内容及数据分析离开质性研究根本无法真实和完整地表达制作者的内心世界。虽然沙盘游戏在治疗方面已经是成熟的理论，但沙图的主题意义、内容意义等的研究成果尚未有系统化的理论模式被建立起来，因此关于沙盘作品的分析也逐渐由探讨对象数量与类别的变化走向图像的象征与隐喻意义的发现和诠释。对沙图的知识论立场也逐渐由后实证走向诠释建构论（吴樱菁，高淑贞，2010）。

程华、章小雷和吴梅荣（2011）在研究中即应用扎根理论方法与沙游技术相结合的研究范式，构建问题儿童的沙盘主题分析主题编码表。该研究认为，儿童的沙盘作品所呈现的故事内容其实是由单个的象征性词汇（沙具）构成的"访谈资料"。

沙盘主题分析就是从这些表达性的象征原型的编码开始的。根据扎根理论方法程序，"收集资料—分析资料—提出问题或假设—验证问题或假设—理论化"，不断重复，逐步对初始沙盘作品资料进行编码，并产生主题代码。扎根理论方法提供的 3 种编码技术（开放编码、主轴编码和核心编码），有助于对沙盘作品的主题进行编码。开放编码阶段，对沙盘每个沙具根据来访者的描述进行标记和命名，并对命名的沙具进行不同类属的划分，对不同类属沙具及场景的特征进行概括性描述，形成原始编码；主轴编码则发掘每一组沙盘初始主题之间的关系，通过比较的方法把它们之间的关系有机联结起来，形成聚焦编码也称为二级主题编码；核心编码阶段是对二级编码之间的关系进一步归纳、分类、合并同类项形成一级编码，即正向主题与负向主题两个一级编码。随着研究的深入，该研究最终形成的沙盘主题三级编码表由 2 个一级主题编码、18 个二级主题编码和 61 个三级编码构成。

该研究的启示就在于将质性研究方法与沙游技术相结合，可以形成一种新的研究范式或策略，对于探析与个体深层心理结构或内容相关的研究领域是一种积极有效的研究工具。因此，扎根理论与沙游技术相结合的研究策略或范式能解决既往研究方法无法解决的如何开放性地对组织承诺影响因素中的个人心理因素进行深度数据挖掘，从而探析既往研究结论中所谓组织承诺影响因素的更为本质的心理因素或者个人深层心理因素的困难。

3.4　基于沙游技术的组织承诺个案分析

3.4.1　个案研究目的

本研究通过对一多次离职个案进行分析，试图探索影响个体组织承诺的深层心理因素及中国文化情境下组织承诺的结构。根据个案分析的两个原则（罗伯特，2004），依赖理论框架和发展案例描述，寻找那些可以为研究的问题提供非常密集、丰富信息的个案（陈向明，2000b），按照"限制性主题沙盘作品的组织叙事—组织承诺结构评述—自由联想及积极想象导致意识与潜意识联结—潜意识文本叙事—情结呈现和归纳—组织承诺深层因素评述—组织承诺情结因素归纳"的思路进行深入细致的描述和分析，以此检验从而探索组织承诺的深层心理因素。

3.4.2　个案选取

按照目的性取样的原则，强度抽样可以寻找到那些为研究的问题提供非常密集、丰富信息的个案（陈向明，2000b），为此本研究采取强度抽样选取个案被试 N，其背景资料如下：女，壮族，37 岁，大学本科文化，已婚，无宗教信仰，职业为某特殊教育学校教务主任。被试 N 2004 年大学毕业后曾从事多种工作，从 2004 年至 2006 年的两年间曾 6 次离职，在职平均时间不超过 3 个月。原生家庭成员包括父亲、母亲、弟弟，与原生家庭成员关系一般；新生家庭包括丈夫，与丈夫关系和睦，情感上较为依赖丈夫。被试 N 多次离职的经历使其成为本研究取样的一个典型对象。

3.4.3　研究工具

（1）沙盘游戏材料：57cm×72cm×7cm 规格沙盘（见图 3.1），沙盘内为洁净、细腻的海滩干沙，沙盘的内侧面和底面为海蓝色；包括人物、动植物、食物、自然存在物、交通工具及标志、建筑物、家居、通信工具、乐器、运动器械、生活用品、军事设备、透亮物及其他共 14 类 1638 个沙具（见图 3.2）。

图 3.1　空白个体沙盘

图 3.2　沙盘游戏室

（2）记录工具：摄录机一部、沙盘游戏过程记录表、组织承诺影响因素沙盘半结构访谈表。

（3）NVivo11.0 中文版质性分析软件

NVivo11.0 中文版质性分析软件是美国 Sage 出版公司为质性研究研发出的一款电脑软件，具有可以对非数字、无结构的资料有效管理与构建理论的强大功能。它被设计来增进研究者进行有效的数据编码、解释和反思，发现新的概念或者理论（Bazeley P.，2007）。在 NVivo11.0 中文版，可以导入照片、影音等文档进行编码，这款软件与扎根理论相结合，通过软件对原始资料编码出自由节点的过程属于扎根理论方法中的开放性编码，将自由节点归类到树状节点中属于扎根理论方法中的主轴编码，而查询与编码的不断反复则是扎根理论方法中的核心编码步骤，最后构建出理论（郭玉霞，2009）。

3.4.4　数据收集

本研究采用问题聚焦访谈法与以沙游技术为基础的心理分析式访谈法相结合，访谈持续时间为 1 小时 21 分钟。访谈对话被全程录像录音，并转录为文字文本，访谈的文本数据被导入质性研究资料分析软件 NVivo11.0 中文版，进行编码分析。

（1）研究伦理：研究者详细耐心地向被试介绍了该研究的目的、内容及安全性，并承诺对其个人身份信息及录像影音资料保密，向被试说明了访谈过程需要全程录像的要求并获得其同意。

（2）沙盘制作：首先向被试解释员工组织承诺及其影响因素的概念内涵及其特征，并举出员工组织承诺及其影响因素的事例，以确保其对相关概念的理解；然后，由研究者先向被试者详细地介绍沙盘、沙具及游戏过程，让被试者感受沙、移动沙，并向被试者示范沙盘的使用，并示意被试者可以自由地选择沙具，并告知在设定游戏时间内完成一个以"我与我的工作单位"为限制性主题的初始沙盘，初始沙盘的制作围绕组织承诺影响因素的内容来开展；研究者坐在沙盘的侧面，责任是营造一个安全和受保护的心理及物理空间有利于被试者开展其沙盘游戏活动；结束沙盘游戏前，对完成的初始沙盘作品进行拍照，从两个方位进行拍摄，即正面、上方并保存。

（3）访谈：被试分享其对初始沙盘作品的描述及之后进行访谈时全程

录像。访谈步骤如下：在被试分享其对初始沙盘作品的描述后，研究者依据提纲进行访谈，访谈主要内容包括：a. 按照重要性的先后顺序，请说明下让其愿意在单位工作的原因有哪些？b. 沙盘中所呈现的哪些沙具或情境与这些因素有关？c. 先放松，再看着这些相关沙具或情境，采取聚焦联想的方式，会想到过去成长经历中哪些人或事情？d. 能对过去成长经历中这些人或者事件具体描述下吗？在当时的经历事件中，其产生了怎样的情感反应、想法（观念）和行为？如发现被试讲述内容与组织承诺影响因素无关且存在偏离主题倾向时，研究者会予以提醒，请其聚焦到主题问题的访谈中来，并围绕捕捉到的信息进一步追踪询问。访谈时间以信息饱和为准，当被试在访谈中表示已无更多信息呈现并认为足够时才停止，时间持续 1～2 个小时。

访谈结束后，研究小组将收集到的录音转化成文字文本，再次严格按照组织承诺影响因素的定义与特征进行筛选，将访谈资料作为构建组织承诺影响因素模型假说之用，以作为后续研究进行理论抽样的范本。

（4）效度：研究者接受过心理咨询面谈技术专业训练及沙游技术专业培训，并具有至少 300 小时以上的分析心理式访谈经验；沙游技术中所设置的受保护物理空间和心理空间条件，以及所强调的研究者非评价性、容纳性态度，按照分析心理学理论以上设置能保证被试访谈内容的真实性，另外根据心理分析学的理论对 N 的访谈信息中的心理情结信息进行匹配，进行理论检验；采取三角检验法（陈向明，2000c），在征得被试者的同意后，将收集的重要访谈信息与被试的原生家庭成员及新生家庭成员通过微信进行求证，进行真实性检验；最后，采取参与者检验法（陈向明，2000d），将研究结果反馈给被试，被试对研究者所做的结论持同意态度。

3.4.5　扎根理论编码与情结编码

3.4.5.1　扎根理论的编码方法

本研究采取三级编码的方式，逐级进行编码。开放编码时，首先对访谈文本资料，逐句逐行分析，贴出标签，使得原始文本资料分解为独立事件。其次再对每个标签的涵义进行归纳，为建构初始概念奠定基础。在建构初始概念的过程中，分析不同概念间的语义关系，为下一步的建构范畴奠定基础。建构的概念或范畴均按照同义关系则归纳为一个概念，并列关系则分别归纳为几个概念，从属关系则将从概念或从范畴归属于高一级概念（范畴）（见表 3.1）。

表 3.1 　　　　　　　　　　编码概念（范畴）的关系类型

概念（范畴）间关系类型	定义
并列关系	并列关系是指概念（范畴）的定义是异质的，但却具有一定的关联关系，从而可能从属于某一更高级概念。如次生家庭支持和原生家庭创伤，这两个概念均从家庭影响角度描述了对员工家庭观念的影响，尽管两个概念具有不同的定义，但它们却是具有相关关系的主题词组。而并列关系概念正是编码形成范畴的重要来源与依据
同义关系	同义关系指的是不同概念（范畴）表述了同一个现象或事件。如人际关系障碍影响了自我成长和自我成长需求增强导致人际关系紧张，表达的是同一个意义：即自我成长与人际关系的矛盾。同义关系概念也是编码形成范畴的来源
从属关系	从属关系是指一个概念（范畴）的外延大于并包含另一个概念的全部外延。如维护家庭包含了（寻求）次生家庭支持、重视异性情感等概念。从属关系分析可以帮助我们更深入地认识概念（范畴）之间的关系，为后续编码奠定基础

3.4.5.2　精神分析的逻辑与方法

法国著名哲学家保罗·利科（2017）认为，从解释学的角度来，精神分析理论是对基于人类潜意识这一特殊文本进行编码而产生的一种解释理论。具体来说，按照精神分析学派中的分析心理学理论的观点，在个体意识世界所呈现的各类物或情境本质上是个体潜意识及集体潜意识的心理能量或结构的象征。沙游技术正是基于这样的理论，采用呈现于个体意识世界中的存在——沙盘情境或沙具——来象征个体深层心理，进而发现或挖掘深层心理，并进行分析。由此，这实际上构建了沙盘情境中精神分析的逻辑和方法，即可以通过对沙盘情境及沙具的象征分析，发现沙盘情境及沙具所象征的组织承诺结构、情结以及两者的关系。

在具体操作上，沙盘情境中精神分析的逻辑和方法是采取沙盘游戏的技术，包括自由联想技术、意象对话技术、潜意识与意识交互对比技术等，按照现实→沙盘情境→童年或过去重要经历→情结的逻辑原则进行归因分析（见图 3.3）。同样按照精神分析学派中的分析心理学理论的观点，对个体来说，沙盘情境中反映的现实世界的时间序列是贯穿过去、现在和未来的，也即沙盘作品时间的整合性特征。具体来说，就是某沙具或沙盘情境所象征的个体心理特质或心理活动特征，可能表征的是其童年或过去时间段产生的，或者虽然产生于过去但是现在仍保持着影响，因此这些心理状态或心理特质既是过去的也是当前的，也可能是未来的（未变化前）。精神分析编码方法的具体举例，如表 3.3 和表 3.4 所示：D（见图 3.3）代表现实单位中的同事；沙盘情境中被试与 D 关系紧张；D 的言行特征与母亲相似；被试 N 与母亲的关系紧张；心理分析发现，母亲情结决定了被试 N 与母亲的紧张；因此，母亲情结是导致被试 N 与 D 关系紧张的深层心理因素。

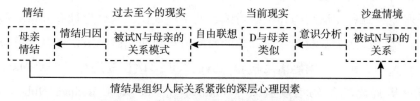

图 3.3　沙盘情境中精神分析的逻辑和方法

基于图 3.3 所示沙盘情境中精神分析的逻辑和方法，通过沙游技术可以发现沙盘情境所表征的情结，与组织承诺相关的组织承诺结构，以及情结与组织承诺结构之间的因果联结。

3.4.5.3　情结编码的方法

依据精神分析学派中分析心理学及客体关系理论，情结的四维结构中的特定客体结构是与产生情结的个人经验事件相联结的特征性结构，是某情结区别于其他情结的标识。因此，在对情结进行编码时均以与个人经验事件相联结的特定客体进行命名和赋义：即在概念命名时以"客体＋情结"的方式进行，情结作为编码时的概念的定义均以客体作为定义核心；另外，名称相同的情结均归属于同一个名称的情结，如母亲情结（见表3.3）。

事实上，以上对于情结的编码属于内容分析法使用到一种编码方式，即 Stemler S.（2001）称之为"先验编码"的方式。在既有精神分析理论和概念的基础上，在数据收集完备前已经建立分类，即根据客体的分类来对情结进行编码。鉴于情结编码的单一性特征，故在编码时并未事先编制编码表，且本研究主要探析情结与组织承诺结构的关系，故也未对各类情结的统计学特征进行分析。

3.4.5.4 扎根理论编码的信度检验

将访谈录像语音信息整理成 word 文档共18679字数，采用质性研究资料分析软件 NVivo11.0（中文版）对收集的资料进行整理，按照 Glaser，B G. & Stauss，A. L.（1967：135）采取"扎根取向"的逐级编码方式进行概念和范畴的归纳与关系构建，最终析出主题。具体如下：①组建编码小组。为了避免编码者知识结构导致的对编码的主观认识，两名均具有分析心理学基础且接受过沙盘游戏的专业训练的研究成员组成编码小组，各自进行数据标签和编码工作。②编码信度检验。编码采取多次往复进行，按照 Matthew B. Mile 等提出的编码信度公式（Matthew B. Mile & A. Miehael Huberman，2015b）：$R = S/(S+D)$（其中 S 为相互同意的编码数量，D 为相互不同意的编码数量），对编码员之间及之内的编码进行一致性检验。在两次编码信度检验后，两位编码员对具有疑问或异议的编码进行了探讨沟通，然后进行了第三次编码。最终检验显示，编码员之间信度 Ro 为86.3%（见表3.2），R 值均 ＞80%，信度较高。③建立研究备忘录。NVivo11.0（中文版）中为样本建立一个备忘录，记录该样本的编码结果以及修改过程。

表 3.2 编码者编码信度

编码次数	编码人员	Ro
I	1, 2	0.612
II	1, 2	0.784
III	1, 2	0.863

3.4.5.5 情结编码的信度检验

按照前述情结编码方法，仍由组建的编码小组继续对情结进行编码。将访谈录像语音信息整理成的 word 文字文档中与情结特征相符合的信息进行编码，根据霍尔斯蒂的一致性百分比公式：$K = 2M/N1 + N2$（M 代表两个编码者一致的编码数，$N1$ 和 $N2$ 分别代表第一个和第二个编码员的编码总数），计算得出分析类目表的编码者间信度为 0.957，说明编码具有较高的信度。

3.4.5.6 情结编码

分析心理学认为人格结构包括三层次结构：意识（自我）、个体潜意识（情结）和集体潜意识（原型）。而情结存在于个体潜意识中，在一般意义上是指个体对某一个地方、某一个人或某件事情所具有的特殊的感觉，是其个人心理的一个部分（Singer T & Kimbles S L, 2004：185）。情结具有其自身的内驱力如人格整体之中独立存在的较小人格结构，对控制我们的思想和行为方面产生着极为强大的影响（尹立，2002：62 – 64）。

沙盘情境主要内容（见图 3.4）：早期制作时，N 打算在"岛屿"处建立一座"山"，后来由于又建立了河道发现"山"有孤立感，从将"山"改造为"岛屿"，而在图 3.4 所示的"山"处建了一座"山"，山上又建了一座"塔"。"山"和"塔"是表达 N 想扩展视野，自我像（驾船女性）在河道中"乘风破浪"是象征现实工作的选择和困境，红色箭头为河流方向，河流分支象征 N 身兼的两种工作职位：教务主任和教师，D 是代表现实中与其有人际冲突的问题同事，B 是其欣赏的某同事（办公室副主任），H 是掌控全局的单位领导，还有单位（学校）中儿童等。

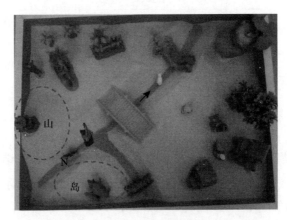

图 3.4　被试 N 组织承诺影响因素沙盘作品

通过沙盘游戏访谈，N 由对 D（冲突同事）的自由联想回忆起了母亲的形象。据 N 的描述，母亲具有"不诚实，还有就是实际上内心极度的不安全感和恐惧"的特征（N 的陈述）。N 认为"因为她（母亲）的一些方式，我也会跟随，所以会导致我受很多苦"，"但是没有原则。发现这种包容，总是去考虑，总是去理解和体谅别人的过程当中，没有原则，实际上就造成了，好像别人怎么样都是可以理解的，所以自己所做的事情有多负面的同样也是可以理解的，就是这样，所以导致自己做事情啊，有时候就，原则性就不强"。N 的青少年时期与母亲关系紧张，经常吵架，母亲几乎不关心 N。以上这些形成了 N 的母亲情结。其母亲情结具有以下特征：

（1）与女性关系（特别是年长女性）容易出现冲突；

（2）面对困境常常出现极端的心理反应；

（3）平常社交活动中经常压抑负面心理反应，自欺欺人；

（4）以自我为中心，固执，重视自我能力解决问题，很少接受他人建议；

（5）不善理财，经济无计划；

（6）无原则性包容理解自己和他人，轻财重义。

通过进一步的访谈，N 陈述的内容也呈现出父亲情结的特征（同事 B 深受 N 的欣赏，因为 B 具有类似父亲的特征）：

（1）与男性关系容易相处；

（2）内向，具有耐心，做事细心；

（3）与人为善，但社交被动，具有忍耐性；

（4）做事认真负责，思维超前等。

另外，原生家庭情结也呈现出来，具有：

（1）缺乏安全感，孤独；

（2）对异性感情极为重视，强烈需要被爱；

（3）对异性感情的处理方式极端。

以及离职情结也呈现出来：

（1）大学毕业时由于激情性突发离职，导致受到很多伤害深感痛苦，故对工作很负责认真；

（2）对狭隘的情感观和偏激极端的处事方式很反感及恐惧。

通过归纳编码，获得四种与组织承诺相关的重要心理情结：母亲情结、父亲情结、原生家庭情结、离职情结（见图 3.5 和表 3.3）。

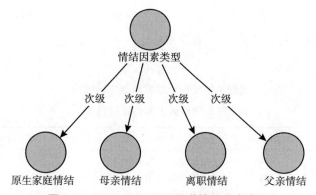

图 3.5　NVivo11.0 组织承诺情结因素类型

表 3.3　　　　　　　　　组织承诺的情结因素编码（略表）

情结	内容结构	效应	原始词句
母亲情结	客体—母亲 情绪—恐惧、无安全感 行为—说谎 事件—与母亲相处	说谎，无安全感，恐惧（对他人）	就是我觉得，我妈，（停顿）……不诚实，还有就是，就是实际上内心极度的不安全感和恐惧。就这些。（你妈妈对你产生什么影响呢？）会有影响，就是呈现这样的一些性格特征
	客体—母亲 情绪—自由和放纵感 行为—纵容 事件—与母亲相处	纵容（自己和他人）	我从我母亲那儿获得的是包容，包容性很强。发现这种包容，总是去考虑和体谅别人的过程当中，没有原则，实际上。所以这就造成了，好像别人怎么样都是可以理解的，所以自己所做的事情有多负面的同样也是可以理解的

3.4.5.7　一级编码（开放编码）

一级编码将收集到的原始信息概念化和范畴化，是一个将资料"打破""揉碎"和重新整合的过程，旨在界定概念和发现范畴。边收集数据边进行开放式编码，对访谈收集到的原始资料逐词逐句加以分析，尽量使用文本中的原话作为标签以从中发掘初始概念，得到 573 行原始句和相应的初始概念。初始概念存在交叉现象者进行了合并，因此，本研究组对其进行整理归纳，提炼出 21 个概念和 14 个范畴，为节省篇幅，每个范畴仅选取 1 条代表性原始语句及其初始概念（见表 3.4）。

表 3.4　　　　　　　　组织承诺结构一级编码形成的概念、
范畴与情结的因果关系（略表）

范畴	初始概念	沙盘情境及情结因素	原始词句
自我成长与人际关系矛盾	人际关系障碍自我成长	沙盘情境中被试与 D 关系紧张，D 代表现实中存在人际冲突的同事；受到母亲情结影响	在自我成长过程中，实际上人际关系这个因素就起到了很重要的作用

续表

范畴	初始概念	沙盘情境及情结因素	原始词句
自我成长与人际关系矛盾	自我成长需求导致人际关系紧张	塔与山象征视野扩展；受到母亲情结影响	这一条河流挖掘出来，是可以让我站得更高看得更远，但显得很孤立。在工作的过程中我就会被孤立起来（笑）
	意识认知两种职位有差异	河的两条支流象征两个职位，自我像所在的支流象征教务主任的职位	在工作内容上（这样两条河流）差异还挺大的……这两条河最终都会，通往大海。其实不管走哪条路，最终的目标都是一样

3.4.5.8 二级编码（主轴编码）

二级编码是编码分析的第二个步骤，比逐行、逐句、逐个段编码更加有指向性、更加有选择性和概念性（Glaser B.G, 1978）。通过类别分析，发现和建立范畴之间的各种联系，以形成更系统概括的范畴。本研究在开放式编码形成的独立范畴的基础上，根据其内在联结与逻辑关系进行重新整合，最终形成8个主范畴（见表3.5）。

表3.5 　　　　　　　　　 **组织承诺结构二级编码形成的主范畴**

主范畴	范畴	范畴内涵
自我成长的障碍	自我成长与人际关系矛盾	自我成长需要增强，导致人际关系紧张
	职位认知和情感反应与情结关系	对教务主任职位呈负性评价；对教师职位呈正性评价
	职位冲突与视野扩展关系	视野扩展会导致职位冲突
	自我意识与潜意识的认知差异	意识与潜意识对职位的工作内容及性质认知相反，对目标的认知一致
	人际关系与情结关系	教务主任职位存在人际关系冲突
工作心理品质	工作心理品质提高	工作中需要面对和解决困难的勇气
思想与知识领域	扩展视野	工作是为了站得更高看得更远，不会狭隘

主范畴	范畴	范畴内涵
家庭支持	新生家庭的情感支持重要	结婚后的家能给自己爱
	原生家庭的情感淡漠	青少年父母对我的爱被剥夺，及沟通障碍导致感情淡漠
	异性情感支持重要	渴望异性的爱，失爱后很痛苦
经济收入	经济因素次要	对经济收入不看重
领导支持	领导支持次要	领导看不看重自己不重要
工作关系	员工关系次要	工作人际关系不是很重要
组织氛围	组织氛围次要	工作氛围有一定影响，但关键看自己工作能力

3.4.5.9 三级编码（核心编码）

三级编码是二级编码之间自然呈现的结构（Glaser B. G，1978）。通过主范畴挖掘核心范畴，并把核心范畴和其他范畴联结起来分析其间关系的过程，包括识别足以统驭所有范畴的核心范畴、开发故事线描绘整体行为现象、继续开发范畴使其更细致入微。通过对主范畴的继续探究，并结合本研究意图，发现六个核心范畴构成组织承诺的因素结构（见图3.6），以及四种类型情结构成的组织承诺的深层心理因素（见图3.7）。

3.4.6 个案研究结果与分析

3.4.6.1 组织承诺结构

通过质性分析，此个案中自我成长、维护家庭、经济收入、工作关系、领导支持和组织氛围是影响组织承诺的六类组织承诺结构。按照对组织承诺的影响权重排序：自我成长＞维护家庭＞经济收入＞工作关系＞领导支持＝组织氛围。

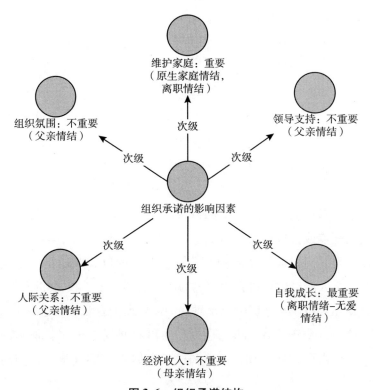

图 3.6　组织承诺结构

组织承诺的表层因素	1	1	2017/3/30 16:09
经济收入：不重要（母亲情结）	1	1	2017/3/30 22:03
领导支持：不重要（父亲情结）	1	1	2017/3/30 22:01
人际关系：不重要（父亲情结）	1	1	2017/3/30 22:05
维护家庭：重要（原生家庭情结，离职情结）	1	1	2017/3/30 22:14
次生家庭支持（父亲情结等）	1	1	2017/3/30 22:18
异性情感：重要（原生家庭创伤情结，离职情结）	1	1	2017/3/30 22:23
原生家庭创伤（综合性情结）	1	1	2017/3/30 22:21
自我成长：最重要（离职情结-无爱情结）	1	1	2017/3/30 22:07
工作心理品质提高（母亲情结因素）	1	1	2017/3/30 21:51
思想与知识领域扩展（离职情结-无爱情结）	1	1	2017/3/30 21:54
自我成长的障碍	0	0	2017/3/30 20:57
组织氛围：不重要（父亲情结）	1	1	2017/3/30 22:11

图 3.7　组织承诺结构 NVivo 编码（被试 N）

通过对既往组织承诺影响因素的研究文献分析，归属于个人心理维度的因素有心理资本、心理契约、心理授权、员工信任、权力需要、安全感等，归属于个人工作相关维度的因素有工作满意度、工作倦怠、职业成长需要、工作中心度、职业风险、个人工作匹配、个人职业匹配、工作多样性、职业高原等（张玮，刘延平和和龙，2015）。按照翁（Weng，2010）等对职业成长的操作化定义，职业成长需要是指员工对在目前组织内部的职业进展速度，包括员工在目前单位内的职业能力发展速度、职业目标进展速度、晋升速度与报酬增长速度，以及在工作流动过程中所发生的职业进展的期望和需要。麦克莱兰和伯纳姆（Mcclelland D & Burnham D H.，2003）则提出权力需要是员工影响或控制他人且不受他人控制的需要，是个体在组织中的三种重要需要之一。而根据被试的阐释，此个案中的自我成长是指自我人格成长，与既往个人维度因素研究中提出的职业成长需要、权力需要没有意义联系，因此，在对组织承诺影响因素研究中需要增加自我成长这一个人心理因素变量，这一点吻合了 Alderfer 所提出的 ERG 理论，即将马斯洛的需要层次合并为三种需要，即生存、关系和成长发展的需要（樊耘，阎亮和马贵梅，2013）。

维护家庭是本个案发现的一个影响组织承诺的新组织承诺结构。按照个案的陈述，维护家庭是指维护从次生家庭所获得的精神支持（感情支持），而非单纯从经济学角度对家庭的经济支持和维护。因此，维护家庭也是一个组织承诺影响因素研究需要增加的新变量，应从属于个人维度因素的变量。与维护家庭似乎存在内涵交集的是当前人力资源管理和组织行为学的一个研究热点问题即工作—家庭冲突，正如前述对维护家庭的意义阐释，对维护家庭的分析角度主要是基于文化情境因素的影响和精神分析学说的视角，虽然与工作—家庭冲突因素存在一定交集部分即员工去留组织问题，但却又有本质性差异。这种本质性差异表现为：第一，工作—家庭冲突的研究主要是个体时间和精力有限性所引发；第二，工作—家庭冲突的研究是将工作与家庭分别作为两个客体对象，主要探索两者之间的各种关系如矛盾性和平衡性等；第三，维护家庭则主要基于精神分析视角的研究文化情境的影响机制和员工的人格（情结等）因素，强调的是维护从次生家庭所获得的精神支持

（感情支持），而非单纯从经济学角度对家庭的经济支持和维护。

张玮等（2015）通过文献分析发现，组织层面的组织承诺影响因素可以分为组织性质、与组织情境相关的变量、与组织管理实践相关的变量三种类别。组织文化、组织支持感、组织氛围、组织公正、组织气候等是归属于组织情境相关的变量；人力资源管理实践、领导风格等是归属于组织管理实践的变量。对于其中的组织支持感，Eisenberger 认为是指员工对组织是否重视员工贡献和关注他们幸福感的全面看法（纪华，陈丽莉，赵希男，2013）。而组织支持感必然是通过组织情境中的工作关系来获得的。关于领导风格，Burns 在提出变革型领导的同时也提出了交易型领导的概念并进行了对比，认为交易型领导通过奖励换取下属工作以激励下属，强调成员和领导者之间的关系互惠性，而变革型领导关注员工自尊、信仰和情感认同，能够较好地提升员工的满意度（杨慧军和杨建君，2016）。显而易见，在组织背景下无论是交易型领导还是变革型领导，其领导风格发生效用主要是通过与员工的工作关系来实现的。因此，按照此个案对工作关系的内涵阐释，工作关系则与组织维度中的组织支持感和领导风格等存在交叉内涵，在实际研究中应与组织支持感和领导风格等发生部分融合，不单独列为新的因素变量。但是工作关系除了上述内涵，还包括组织人际关系，因此应将其析出为单独的组织人际关系变量。

Linda Rhoades（2001）等的研究已经表明领导支持是影响员工组织支持感重要影响的因素之一。通常来说，领导支持感越强，组织支持感就越强，两者关系密切，呈正相关。因此，此个案中的领导支持与组织承诺影响因素研究中的组织维度的组织支持感和领导风格等也存在交叉内涵，因此也不列为新的因素变量。

总的来说，按照目前学界对于组织承诺影响因素的类属划分，自我成长、维护家庭、经济收入应归类于个人维度的影响因素，而工作关系、领导支持与组织氛围则归属于组织维度的影响因素。

3.4.6.2　组织承诺因果模型

通过本研究，初步构建出组织承诺结构即"自我成长""维护家庭"

"经济收入""工作关系""领导支持""组织氛围"与情结间的组织承诺因果模型（见图3.8）。

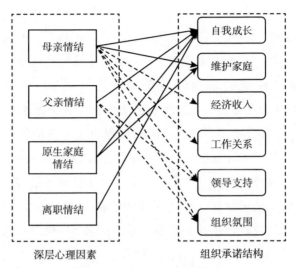

图3.8 组织承诺因果模型

与组织承诺结构存在因果关系的情结共四类：母亲情结，父亲情结，原生家庭情结和离职情结。母亲情结、父亲情结、原生家庭情结和离职情节均与自我成长存在因果关系，是自我成长的决定因素；母亲情结和原生家庭情结均与维护家庭存在因果关系，是维护家庭的决定因素；而母亲情结对其他4类组织承诺结构核心范畴有一定影响，但无因果关系；父亲情结仅对领导支持和组织氛围有一定影响，但无因果关系；此外，原生家庭情结与离职情结对其他组织承诺结构核心范畴无影响（见图3.9，实线箭头代表决定影响；虚线箭头代表一定影响；无线条连接代表不相关）。其中，母亲情结和原生家庭情结又是离职情结的深层心理因素，因此最终归纳组织承诺的基本情结因素为三类：母亲情结、父亲情结、原生家庭情结。

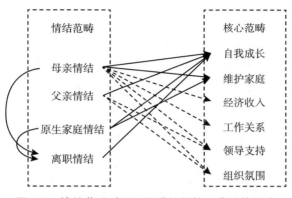

图 3.9 情结范畴对组织承诺结构核心范畴的影响

按照分析心理学理论,情结是构成个体完整人格中一个个彼此分离的子人格,具有自主性内驱力,强有力地控制我们意识中存在的稳定观念和行为(范红霞,申荷永,李北容,2008)。情结的产生是来源于外界重要客体(如父母等亲密关系者)的影响——如认知言行等——与集体潜意识中的原型相关联而导致充满情绪(或情感)的记忆意象,两者的相互作用便凝结为相当稳定的带有内驱力的结构——情结。随着生活经验的增多,情结由此就可以把其他相关意象卷入进来而形成网络,其内涵于是渐渐丰富,并会由日后类似的经验而延展(Stein M.,1998)。具体来说,情结主要由人生早期的经验获得,这些经验通常具有两种动力性特征和本质性特征,两种动力性特征至少需要具足其中之一,而本质性特征则是必须满足的。这两种动力性特征分别是:客体(父母等亲密关系者或环境)长期施加某种行为于主体(自我),主体同时产生了单一或复杂的情绪(情感)反应;客体(父母等亲密关系者或环境)短期施加某种行为于主体(自我),主体同时产生了高强度的单一或复杂的情绪(情感)反应。两者的区别在于施加时间的长短和产生的情绪或情感的强度不同。而本质性特征则是客体(父母等亲密关系者或环境)所施加的行为一定与主体(自我)的需要密切相关,需要的层级类别越低,产生的作用越强和持久。另外,情结形成的时期越早也越固著。

最初的情结仅具有核心的二元结构:经验性外因—原型性内因,但经验性外因并非一个整体，而是由事件、客体、行为所构成，原型性内因则主要以伴随意象的情绪呈现出来，是与生俱来且受制于其气质倾向的因素。因此，完整的情结结构应包括：客体—事件—行为—情绪四个组成部分，其中的事件、行为和情绪属于动力性结构。需要强调的是，情结的这个四维结构中的客体、行为及事件等组成已经不是现实世界中的存在，而是个体的一种心理存在物——"心理现实"，即以自我为中心又是自我的构成。

以此个案的母亲情结为例做具体分析。母亲情结形成于童年时期，有很强的固著性，且具有复杂的内容和结构。如图3.10所示，该个案的母亲情结包含了三个四维结构，即说谎—不安型结构、自由—放纵型结构和极端—失控型结构。自由—放纵型结构对说谎—不安型结构及极端—失控型结构采取放纵的态度，对他人放纵的积极表述在现象学上呈现出的就是包容性特征，事实上在一定人际交往范围内他人对个案的描述也确实如此；但是极端—失控型结构在特定情境下又会严重破坏自由—放纵型结构对他人产生的包容性特征，这一点也通过个案的陈述得到了证实；说谎—不安型结构最终也会破坏自由—放纵型结构对他人产生的包容性特征，说明个案难以有长期稳定的亲密人际关系。总的来说，按照母亲情结内部结构的相互动力关系，所呈现的是固著性的分裂和混乱特征，具体见图3.10。

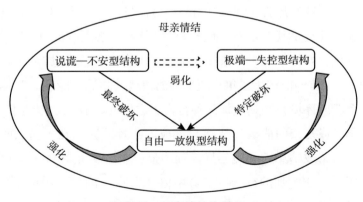

图3.10 母亲情结为例之一

在此个案中，母亲情结对组织承诺的影响就是通过对自我成长、维护家庭等六类组织承诺结构的作用来实现的。具体来分析，母亲情结中的极端—失控型结构才是导致个案离职的心理因素之一，而由此而产生的离职情结又对自我成长维度产生了决定影响（见图3.11）："我妈在遇到一些困难和问题的时候，不能平静和积极地去面对和处理，情绪会比较极端，然后会采取一些比较极端的方式去处理。我觉得我也会用这种方式，觉得自己会占了上风之类的"，"（为什么你需要全局观？）因为有全局观不容易陷入狭隘当中，也能够避免盲目。（那么你曾经狭隘过吗？）是。（你方便举出一个例子吗？你印象最深的，对你影响最大的）就是我比较狭隘的就是，就是主要是对感情上，就会导致我对工作产生影响，作出一些判断和决策，就一心沉浸在感情当中，就什么都不顾，好像一切都不重要了。（曾经发生过这种事情吗？）发生过，就是我第一次工作的辞职，就跟这个有关"。母亲情结中的说谎—不安型结构是维护家庭维度的决定因素之一（见图3.12）："妈妈总是说谎，实际上就是内心极度的不安全感和恐惧，她常说女人靠不了男人，靠不了家，所以她一直就这样"，"我也逼着自己变得独立，不从家里获得精神方面的支持，尽管很想，但现实不能"。

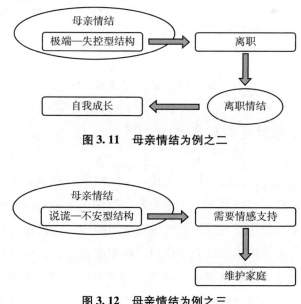

图 3.11　母亲情结为例之二

图 3.12　母亲情结为例之三

3.4.6.3　情结间的因果关系

情结之间也存在一定因果关系，如在此个案中离职情结就是母亲情结和原生家庭情结的结果（见图3.13）。前述分析中已经提到，母亲情结中的极端—失控型结构是导致个案离职的心理因素之一，也是离职情结的深层心理因素。其他情结之间的关系尚需进一步探索，这些情结和它们的关系可能是构成个体整个人格的重要组成结构，对于个体的组织承诺的影响也许也是至关重要的。

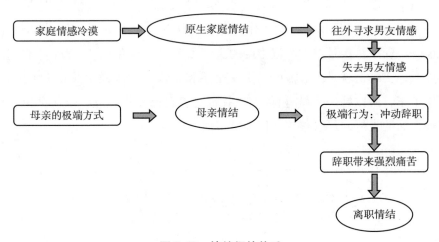

图 3.13　情结间的关系

3.4.7　个案研究的启示

通过此个案研究，最后获得六个核心范畴构成的组织承诺结构，即：自我成长、维护家庭、经济收入、工作关系、领导支持和组织氛围。其中，自我成长、维护家庭是本章发现的新的组织承诺结构。自我成长是指自我人格成长，与既往个人维度因素研究中提出的职业成长需要、权力需要没有意义联系。维护家庭是指维护从次生家庭所获得的精神支持（感情支持），而非单纯从经济学角度对家庭的经济支持和维护。工作关系与组织支持感和领导风格等存在交叉内涵，但是工作关系还包括组织人际关系。这六个核心范畴构成的组织承诺结构受到情结的不同程度影响，母亲情结、父亲情结、原生家庭情结与离职情结均各自对组织承诺结构产生不同程度影响，母亲情结和原生家庭情结影响离职情结的形成。同时核心情结对其他情结也存在影响。由此，母亲情结、父亲情结、原生家庭情结、离职情结共同构成组织承诺的深层心理因素理论模型，也即组织承诺因果模型（见图 3.8）。

  个案研究的结果显示，组织承诺结构受到深层心理因素（情结）的影响，同时组织承诺的结构可能存在变异性和多样性，与 Meyer 和 Allen 提出的三维结构存在差异。为了证实和检验这一结论，需要增加样本来开展严格的质性研究和量化研究，因此需要按照质性研究的原则增加样本量，直至理论饱和，进而最后通过量化研究来检验质性研究的结论。从方法学的角度，此个案分析也提供了一种研究的范式来研究组织承诺结构及其影响因素，即将沙盘游戏与质性研究相结合，从实践上证实了此范式的可行性。因此，在后续的质性研究中可以按照这一研究范式深入开展研究。

第4章 基于沙游技术的组织承诺 影响因素质性研究

4.1 研究方案设计

4.1.1 研究目的

根据初期个案研究结果，发现在中国文化情境下，影响组织承诺的组织承诺结构与西方文化情境下的组织承诺结构存在差异，显示出情境对组织承诺结构的影响；另外还发现情结因素是组织承诺的深层心理因素，这与既往研究发现的人格因素还存在差异。因为相对于人格来说，情结是决定人格的深层和核心心理因素，人格因素并不能解释和代替情结因素；情结因素是通过对组织承诺结构的作用来影响组织承诺，这是情结对组织承诺的影响机制。但是，个案的发现是否具有普遍性，是否能推广至更多的样本，并且由于本研究所用的访谈方法是一种问题聚焦访谈法与以沙游技术为基础的心理分析式访谈法相结合的数据收集技术，数据来源于意识文本和潜意识文本，收集的数据因此是否会存在差异，以及通过沙游技术是否能发现更多影响组织承诺的组织承诺结构及情结因素，尚需要进一步进行研究。因此，基于扎根理论的原则，我们需要采取理论抽样和滚雪球抽样的方法在个案分析的基础上继续取样和分析，通过多案例的研究不断地修正和完善理论模型，直到概念的饱和与概念之间关系的稳定。

我们根据初期个案研究结果，挖掘出组织承诺的组织承诺结构及情结因素的基本概念，以及相关理论假设。基于扎根理论与沙盘游戏结合的研究范式，继续按照"限制性主题沙盘作品的组织叙事—组织承诺结构评述—自由联想及积极想象导致意识与潜意识联结—潜意识文本叙事—情结呈现和归纳—组织承诺深层因素评述—组织承诺情结因素归纳"的思路进行深入细致的描述和分析，采取理论抽样及滚雪球抽样的原则来抽取更多与研究主题相关的案例来开展质性研究，从而构建组织承诺结构及情结因素机制模型，根据质性研究结果对中国员工组织承诺问卷重新进行编订，为组织承诺问卷的"本土化"奠定基础，并最终根据模型提出相应组织管理应用建议。

4.1.2 样本选取

采取理论性抽样和滚雪球抽样，并按照男女性别比 1 : 1 的方式，在广西南宁、柳州和桂林等多个市企业协会等组织的支持下，通过商业写字楼区宣传栏正式宣传、已参加工作的学生或熟人介绍、网络招募等多种形式来招募被试，取样的对象仍然是各类型组织的员工。

采取边访谈边编码的方法，发现在编码至第 24 位访谈对象时达至理论饱和，故最终确定 12 位女性被试和 12 位男性被试形成我们的样本。24 位来自广西南宁、柳州和桂林等地区的被试参加了此研究，其中包括学校管理人员、教练、检察官、销售人员、政府干部、康复工作者、合伙经营者、大学教师、中小学教师等。具体见表 4.1 和表 4.2。

表 4.1 访谈被试者年龄及工作年限分布

变量	人数	最小值	最大值	区间	平均	标准差
年龄	24	24	49	24	32.34	6.286
工作年限	24	2	27	24	10.84	5.924

表 4.2   访谈被试者资料

变量	项目	人数（位）	百分数（%）
性别	男	12	50
	女	12	50
职业	学校管理人员	2	8.3
	教练	2	8.3
	检察官	2	8.3
	销售人员	4	16.6
	政府干部	4	16.6
	康复工作者	3	12.5
	合伙经营者	2	8.3
	大学教师	2	8.3
	中小学教师	3	12.5
教育水平	中专	4	16.6
	大专	10	41.6
	本科	10	41.6

4.1.3 研究工具

采取与前期个案研究同样的研究工具（见图 3.1 和图 3.2），应用到的研究工具如下：

（1）沙盘游戏材料。

（2）记录工具：摄录机一部、沙盘游戏过程记录表、组织承诺影响因素沙盘半结构访谈表。

（3）NVivo11.0 中文版质性分析软件。

4.1.4 数据收集

在数据收集方面，多案例研究与前期个案研究相同，仍然采用问题聚焦访谈法与以沙游技术为基础的心理分析式访谈法相结合，每个个案访谈持续时间在 1~2 小时。访谈对话全程录音录像后再转录为文字文本，将访谈的文本数据导入质性研究资料分析软件 NVivo11.0 中文版后进行编码分析。

（1）研究伦理：同前期个案研究。

（2）沙盘制作：同前期个案研究。

（3）访谈：同前期个案研究。

（4）效度：同前期个案研究。

4.2 扎根理论编码与情结编码

4.2.1 扎根理论的编码方法

多案例研究采取与前期个案研究类同的方法，仍然采取三级编码的方式，逐级进行编码。与个案研究的区别在于，在对 24 个案例的文本进行编码时，个案之间的概念或范畴如果遵循编码概念（范畴）的关系类型（见表 3.1），则个案之间的概念或范畴也进行并列或融合，最终形成核心范畴。

4.2.2 精神分析的逻辑与方法

多案例研究也仍然采用如图 3.3 所示的精神分析的逻辑和方法，通过沙游技术去发现每个个案沙盘情境所表征的情结，与组织承诺相关的组织承诺结构，以及情结与组织承诺结构之间的因果联结。

4.2.3　情结编码的方法

多案例研究对情结进行编码时也以与个人经验事件相联结的特定客体进行命名和赋义：即在概念命名时以"客体＋情结"的方式进行，情结作为编码时的概念的定义均以客体作为定义核心，名称相同的情结均归纳为同一个名称的情结。

与前期个案研究不同，个案的情结进行各自编码后还需要对个案之间进行编码，即名称相同的情结则归纳为同一类情结，并采取编码时的名称。如被试 N 的母亲情结与被试 Z 的母亲情结均归属于同一类情结类型——母亲情结，尽管其内容不相同（见表 4.3）。

表 4.3　　　　　　　　　被试 N 与被试 Z 的母亲情结编码（举例）

情结	内容结构	原始词句
母亲情结	客体—母亲； 情绪—恐惧、无安全感； 行为—说谎； 事件—与母亲相处	被试 N：就是我觉得，我妈，（停顿）……不诚实，还有就是，就是实际上内心极度的不安全感和恐惧。就这些。（你妈妈对你产生什么影响呢？）会有影响，就是呈现这样的一些性格特征
	客体—母亲； 情绪—压抑、回避； 行为—控制； 事件—与母亲相处	被试 Z：我母亲，她有很多的负面消极情绪吧……她有些情绪就会来发泄到我身上，然后给我很多的控制，一定是按她的一个来规范我的行为，所以这个很憋屈，很难受。从我早期的这种，也就是从十岁到二十几岁的这个过程当中，对家庭、对母亲是非常排斥的。觉得受到母亲的控制，然后就采取的是反控制策略。想跑到远一点的地方去上学

鉴于情结编码的单一性特征，故在编码时并未事先编制编码表，且本研究主要探析情结与组织承诺结构的关系，故也未对各类情结的统计学特征进行分析。

4.2.4　扎根理论编码的信度检验

在扎根理论的多案例研究中，采用以下检验方法来确保编码信度（王璐，高鹏，2010）：随机抽取所取样本 25% 的数据，两位编码者独立编码，计算编码者之间信度 Ro，两个编码者的一致性程度越高，Ro 则越大，说明越可信。因此，本研究从 24 个样本中抽取出 25% 的案例即 6 位访谈对象（性别比例 1∶1），将 6 位访谈对象的访谈录像语音信息转录整理成 81866 字数的文字文档（见表 4.4）。

表 4.4　　　　　　　　　　**编码信度检验抽取的样本**

抽取样本	性别	年龄（岁）	职业	样本访谈数据字数（字）
被试 Li	男	37	大学教师	9197
被试 Z	男	49	合伙经营者	8738
被试 Ch	男	32	教练	14056
被试 Zh	女	29	政府干部	14201
被试 Liu	女	28	中小学教师	13212
被试 W	女	39	销售人员	22462

仍然采用在前期个案研究组建的 2 人编码小组，对抽取的 6 位访谈对象的访谈录像语音信息转录成的文字文档采用质性研究资料分析软件 NVivo11.0（中文版）各自进行数据标签和编码工作。然后进行编码信度检验：编码采取多次往复进行，仍运用前期个案研究中的编码信度公式，对两位编码员之间及之内的编码进行一致性检验。仍然采取若存在具有疑问或异议的编码即行探讨沟通的方式，在进行第三次编码时，编码员间的信度 Ro 已达 93.2%（见表 4.5），R 值均 >90%，信度很高。同前期个案研究操作，在 NVivo11（中文版）中为 6 位访谈对象的访谈录像语音信息转录成的文字文档建立一个备忘录，记录该其编码结果以及修改过程。

表4.5 编码者编码信度

编码次数	编码人员	Ro
Ⅰ	1，2	0.634
Ⅱ	1，2	0.812
Ⅲ	1，2	0.932

4.2.5 情结编码的信度检验

按照前述情结编码方法，仍由组建的编码小组继续对情结进行编码。随机抽取所取样本25%的数据，将访谈录像语音信息整理成的 Word 文字文档中与情结特征相符合的信息进行编码，根据霍尔斯蒂的一致性百分比公式：$K = 2M/N1 + N2$（M 代表两个编码者一致的编码数，$N1$ 和 $N2$ 分别代表第一个和第二个编码员的编码总数），计算得出分析类目表的编码者间信度为0.915，说明编码具有较高的信度。

4.2.6 情结编码

在对情结进行编码时，需要遵循前述的情结编码方法，按照特征性结构（客体）来命名情结。具体来说，本研究采取情结的特征性结构只要具有同质性，则归为同类属的编码原则，以此将其归在一个更高抽象水平的概念之下，形成概念的范畴（见表4.6）。

表4.6 情结因素编码表（略表）

情结	内容结构	效应	原始词句
老师情结	客体—老师 情绪—紧张、烦躁 行为—消极反应 事件—与老师相处	面对啰唆，会紧张、烦躁，消极反应	研究者：对于班主任，她这样一个爱唠叨，啰唆的时候，你有什么反应？ 被试：消极的情绪。 研究者：具体说说好吗？ 被试：有一点压力，嗯，紧张，但是十分消极。就相当于现在这个校长跟我唠叨，就会很消极……

续表

情结	内容结构	效应	原始词句
老师情结	客体—老师 情绪—被强迫感、愧疚感 行为—逃避 事件—与老师相处	不舒服，感觉到被强迫的愧疚感	研究者：英语老师是一个什么样的风格呢？ 被试：（思考，自言自语式的）这个老师风格……就是，他觉得对我们很好，然后，这么说呢？（笑）但是我们学生体会不到……高三时候压力很大，老师一直说什么什么什么，但是他觉得已经很感人了，就是每天六点钟起来看我们早读啊，什么什么的，他觉得自己都感动自己了，我们学生还是觉得，很不舒服，这个老师。 研究者：很不舒服。 被试：嗯，（语音提高）就是……他用他的辛苦来让我们内心感到愧疚

　　最终获得母亲情结、父亲情结、原生家庭情结、老师情结、祖辈情结、同伴情结、人生事件情结等 7 个核心范畴构成组织承诺情结因素模型（见图 4.1），该模型在既往研究文献中未有支持。根据精神分析理论，可将 7 类情结范畴又分别归属于客体情结和动力情结，母亲情结、父亲情结、原生家庭情结、老师情结、祖辈情结、同伴情结归属于客体情结，人生事件情结归属于动力情结。

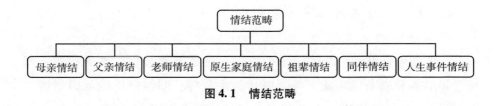

图 4.1 | 情结范畴

4.2.7　一级编码（开放编码）

　　一级编码仍遵循对原始信息概念化和范畴化的过程。此编码阶段，从 24 个案例获得 14225 行原始句和相应的初始概念。对初始概念存在同义现象者进行合并后，共提炼出组织承诺结构一级编码的 271 个概念和 17 个范畴（见表4.7）。

表4.7　　　　　　　组织承诺结构一级编码的引文（略表）

范畴	初始概念	原始词句
自我价值感	获得自我价值	研究者：然后这个时候你反而获得了什么？ 被试：获得自己的存在感、价值感，而且获得一些正性情绪的支持
工作名誉	获得名誉	研究者：那你能够排个序吗？你觉得哪个是最重要的，哪个是第二重要的，那哪个是第三重要的？ 被试：哦，是哦。还有个自我发展空间……应该是自我发展空间最重要。自我发展空间，就是能够得到，领导的赏识，然后自己又能够突破，做一番事情最重要，然后到，那个，呃，薪资。 被试：嗯， 被试：最后到名誉
荣耀感	荣耀感最终的需求	被试：所以在工资变高的时候，我就突然见到，见识到了，跟我工资层面一样的人，我发现我跟他们很不一样……哦，摆脱我之前那种让人觉得一文不值的过去那种感觉。就是像感觉上，我在提升……对我来说，就有那种，刘姥姥进大观园的感觉，就有点骄傲……就这种感觉

4.2.8　二级编码（主轴编码）

二级编码是编码分析的第二个步骤，通过类属分析，发现和建立范畴之间的各种联系以形成更系统概括的主范畴，归纳出组织承诺结构二级编码的 16 个主范畴。为了显示一级编码产生的范畴（概念）的原始证据，以及二级编码所形成的主范畴中体现的一级编码范畴间的关联性，表4.8 列举了一级编码中"自我价值感""工作名誉""荣耀感"这三个范畴（概念）的引文以及所从属的二级编码所形成的"自我价值"主范畴。

表 4.8   组织承诺结构二级编码的引文（举例）

主范畴	范畴	原始词句
自我价值	自我价值感	研究者：然后这个时候你反而获得了什么？ 被试：获得自己的存在感、价值感，而且获得一些正性情绪的支持
	工作名誉	研究者：那你能够排个序吗？你觉得哪个是最重要的，哪个是第二重要的，那哪个是第三重要的？ 被试：哦，是哦。还有个自我发展空间……应该是自我发展空间最重要。自我发展空间，就是能够得到，领导的赏识，然后自己又能够突破，做一番事情最重要，然后到，那个，呃，薪资。 被试：嗯， 被试：最后到名誉
	荣耀感	被试：所以在工资变高的时候，我就突然见到，见识到了，跟我工资层面一样的人，我发现我跟他们很不一样……哦，摆脱我之前那种让人觉得一文不值的过去那种感觉。就是像感觉上，我在提升……对我来说，就有那种，刘姥姥进大观园的感觉，就有点骄傲……就这种感觉

4.2.9 三级编码（核心编码）

经过三个层级编码的分析程序，并随着访谈的深入不断地进行发现、比较、修正和提升概念及其关系，以及对相应文献研究支持的比较（见表 4.9），我们按照多数学者对组织承诺影响因素的个体、工作和组织的三分法标准，最终得到组织承诺结构模型，涵盖人格成长、维护家庭、感恩、兴趣爱好、人生理想、自我发展、自我价值、经济收入、工作稳定、职业意义、职业认同、空闲时间、人际关系、领导支持、组织氛围、领导风格等 16 个核心范畴，其中感恩、维护家庭、人格成长、兴趣爱好、人生理想和空闲时间为新增组织承诺结构，既往研究文献中未有支持。

表4.9　　　　　　　　　组织承诺结构三级编码以及与相关文献比较

核心式编码		相关文献比较或支持
中心范畴	核心范畴	
个人因素	感恩*	
	维护家庭*	
	人格成长*	
	兴趣爱好*	
	人生理想*	
	自我发展	翁清雄，席酉民（2011a）
	自我价值	杨光（2014）
工作因素	经济收入	凌文辁，张治灿等（2001）
	工作稳定	胡三嫚（2012）；张伟东，吴华（2013）
	职业意义	施佳华（2007）
	职业认同	李永鑫等（2011）；罗杰等（2014）
	空闲时间*	
组织因素	人际关系	陈维政等（2006）；黄小科等（2011）；胡恩华（2012）
	领导支持	凌玲，凌红（2009）
	组织氛围	Meera Shanker（2015）；刘小平（2003）
	领导风格	曹花蕊，崔勋（2007）

注："＊"表示既往研究未支持的范畴。

　　情结因素与组织承诺结构的关系方面，发现情结因素与组织承诺结构存在一因多果、多因一果、多因多果等多型组织承诺因果模型，该模型在既往研究文献中也未有支持（见图4.2）。

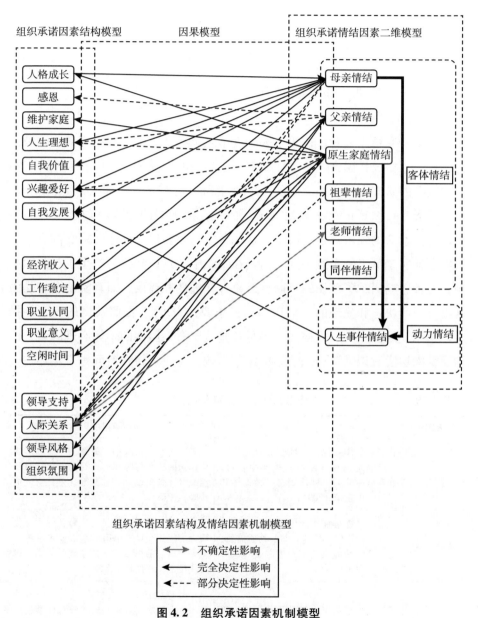

图 4.2 组织承诺因素机制模型

4.3　研究结果与分析

4.3.1　组织承诺结构模型

从本研究结果来看，位于个人维度组织承诺结构中的感恩因素、维护家庭因素、人格成长因素等是既往研究中未触及的（见表4.10）。尽管已有不少权威型的研究者称组织承诺的影响因素研究已经是一个非常成熟的领域，几乎不会有什么真正意义的发现了。但是，由于新的深度心理学工具的出现，为探索新的领域提供了可能。认知科学的重要组成神经经济学的研究结果早已证实了员工的潜意识因素对其在组织中的意识和行为产生了深刻的影响，这种影响揭示了意识的判断性结论存在虚伪和错误，而真实情况却是由其潜意识所决定和呈现的（马庆国，王小毅，2006）。按照被试的确定性描述，感恩、维护家庭、人格成长等尽管是位于意识层面的个体心理因素，但均受到深层潜意识因素——情结的深刻影响，这一点将在后面重点阐述。

表4.10　　　　　　　　　　　感恩、维护家庭和人格成长

个人因素	定义	对组织承诺的影响
感恩	感恩是个体对他人、社会和自然给予自己的恩惠和方便在心里产生认可，并意欲回馈的一种认识、一种情怀和行为（陶志琼，2004）	在中国的企业实践中，关系……深刻影响中国人的社会行为和商业行为，包括对于组织（工作单位）的忠诚等（刘林青，梅诗晔，2016）
维护家庭	完善的家庭系统能提供和满足家庭成员衣、食、住、行等方面的物质需要，更重要的是提供……心理需要（Carla Sacchi，2004）	维护家庭因素……是具中国特色的本土化概念。因此，对于中国的企事业单位等组织……更为重视员工维护家庭的需求，以留住员工及增强其工作效率
人格成长	人格成长聚焦于个体的思想、情商等诸多心理品质的提升，强调精神成长	早年心理创伤经历被试占据整个样本的26.9%，未发现抽样方式导致对此抽样比例产生影响，因此人格成长在组织承诺的影响中受到重视应具有一定比例的普遍性

　　那么，感恩在组织承诺中的意义是什么，对员工个体的意义又是什么？从普遍意义上来讲，感恩是个体对他人、社会和自然给予自己的恩惠与方便在心里产生认可，并意欲回馈的一种认识、一种情怀和行为（陶志琼，2004）。在中国，感恩思想是承载于儒家文化的重要部分，是中国传统社会中维护关系和秩序的第一要义。在中国文化情境下尤为强调人之间的感恩，遵循互惠原则，而在中国文化中，人情、面子、关系和报恩等都很重要，在社会互动中，到处显现出知恩图报的特点，在人际交往的过程中给对方面子也存在预期对方能够感恩，将来给予自己某种回报等。在中国的企业实践中，关系作为一种获取稀缺资源、形成核心竞争力的工具被广泛应用，因此，事实上感恩的实质是关系（GUANXI）思想渗透于中国社会的各个层面的反映，关系思想深刻地影响着中国人的各类社会行为，包括对于组织（工作单位）的忠诚等（刘林青，梅诗晔，2016）。在此，感恩则成为知遇者发生在工作环境中建立起来的知遇—赏识型人际关系（关系）中的一种心理行为活动，是知遇者对于赏识者的积极回报心理和行为，因此又与个体的面子产生了密切的意义连接。Spencer‐Oatey 的关系管理理论提出了面子管理的观点，而面子管理又分为特质面子和身份面子。人们在人际关系互动中会不断地对彼此间的关系强度、建构等进行评价，行为期待、面子敏感因素及交际互动需求这三个核心要素的互动决定了动态评价的结果（周凌，张绍杰，2015）。交际者内心存在着对交际行为的预期，这种预期是否被满足将导致面子敏感因素的生成，从而会选择具有差异性的行为模式以满足人际互动的需要。因此，感恩乃至对人际关系的重视，其实质是在中国文化情境下个体为满足其人际互动的需求所选择的特有行为方式。这些特有行为模式包括感恩、顾及人际中重要人物的面子及自我面子等。在中国的各类组织（包括企业）中，普遍存在着这种受到中国文化影响的知遇—赏识型人际关系（关系），这种关系既具有功利性也具有精神性，是形成广泛的"关系"体系的基础之一。由以上分析可知，感恩尽管是组织承诺的因素结构，却具有深刻的中国特色社会文化情境，与管理学当今的研究热点——关系、面子具有深刻的内在联系。因此，感恩、顾及人际中重要人物的面子及自我面子是关系的重要基础和内容，是具中国特色的本土化概念，也是影响组织承诺的重要组织承诺结构。

维护家庭是本文通过个案和多案例质性研究所发现的另一个既往组织承诺影响因素研究中并未触及的重要因素结构。显然，家庭是社会的基本结构单位，也是个体赖以生存繁衍的社会单元。在中国文化情境下，家庭是除了国家以外最重要的组织结构，在此，个体对家庭的承诺（支持）成为影响对工作组织的承诺（支持）组织承诺结构。Skinner 认为家庭的基本功能是为家庭成员生理、心理、社会性等方面的健康发展提供一定的环境条件，完善的家庭系统能提供和满足家庭成员衣、食、住、行等方面的物质需要，更重要的是要提供适合家庭成员心理健康发展的心理需要。家庭是伴随着个体一生发展和成长的重要场所，家庭的基本功能为家庭成员的生理、心理、社会性等方面的健康发展提供了必要的条件（Carla Sacchi，2004）。国内的一些研究证实了家庭对个体心理支持和健康方面的重要影响，如马喜亭等（2009）发现家庭亲密度与家庭适应性对个体人格发展有显著影响，安芹等（2010）证实家庭功能中问题解决、沟通和角色在情感虐待、情感忽视和躯体忽视与自尊的关系中具有部分中介作用。然而，提出维护家庭作为组织承诺的组织承诺结构的被试中，女性共 9 位，男性共 4 位，采用 SPSS Statistics 22.0 软件进行卡方检验，所得数据显示没有任何一个格子的理论频数小于 5（最小值是 5.5），根据 $X2 = 4.196$，$P < 0.05$，女性选择维护家庭作为组织承诺结构的比率高于男性，是具有统计学意义的（见表 4.11、表 4.12）。这一结果支持了在中国文化情境下，维护家庭是影响女性的组织归属和忠诚的一个重要因素的结论，也证实了在个案研究中所得出的结论：维护家庭是指维护从包括原生家庭、次生家庭所获得的精神支持（感情支持），而非单纯从经济学角度对家庭的经济支持和维护，尤其对于中国文化情境下的女性更具有深刻的现实意义。因此就可以理解，职业女性较之于男性，更为重视家庭因素对工作的影响，更希望从家庭中获得支持，对家庭更具依赖性。

表 4.11　　　　　　　　　　性别 × 维护家庭选项交叉列表

			维护家庭选项		总计
			选择维护家庭	不选择维护家庭	
性别	男性	计数	4	8	12
		性别内的百分比（%）	33.30	66.70	100.00
	女性	计数	9	3	12
		性别内的百分比（%）	75.00	25.00	100.00
总计		计数	13	11	24

表 4.12　　　　　　　　　　卡方检验

	数值	df	渐近显著性（2 端）	精确显著性（2 端）	精确显著性（1 端）
Pearson 卡方	4.196ᵃ	1	0.041		
持续更正ᵇ	2.685	1	0.101		
概似比	4.332	1	0.037		
Fisher 确切检定				0.100	0.05
线性对线性关联	4.021	1	0.045		
有效观察值个数	24				

说明：a. 0 数据格（0.0%）预期计数小于 5，预期的计数下限为 5.50；
b. 只针对 2×2 表格进行计算。

　　尽管女性更倾向于维护家庭（75.0%），但是男性维护家庭的比率也达到 33.3%（见表 4.11）。中国企业不断提出"以企业为家"的理念，以增强员工对于组织的支持和依赖，其深层因素也与中国传统文化有关。中国传统文化中的儒家文化强调孝道和由血亲和姻亲构成的亲族教育，导致中国员工对于原生家庭和次生家庭非常重视，因此乡土地域因素成为影响员工选择组织的一个重要影响因素（贺妍，2012）。由此，本研究所发现的维护家庭因素应该是受到中国传统文化的深刻影响，是具中国特色的本土化概念。因此，对于中国的企事业单位等组织，较之于西方应更为重视员工维护家庭的需求，以留住员工及增强其工作效率。

另外，人格成长因素也是本文的一个重要发现。在本研究中，将人格成长与自我发展并列，因为自我发展是一个非常宽泛的概念，具有包括职业成长、职位提升、专业素质提高、能力发展等多种方向的意义，而人格成长则聚焦于个体的思想、情商等诸多心理品质的提升，强调精神成长。既往研究中，只是将员工的人格特质作为一种固化的因素去探索其与组织承诺的关系，而非本研究所揭示的将人格成长作为一种变动性因素去影响组织承诺（高丽，王世军，潘煜，2014；Paola Spagnoli，Antonio Caetano，2012）。根据对诸被试的陈述分析，将人格成长作为组织承诺结构的被试通常具有早年心理创伤经历，不具有早年心理创伤经历的被试则未将人格成长作为组织承诺的影响因素。需要说明的是，心理学中对于创伤经历并无普遍意义的明确定义，本研究所提及的心理创伤也非按照诊断手册所作出的心理诊断，而是按照被试的早年人生故事叙述中所呈现的客体关系而基于心理分析理论所得出的结论，并得到相应被试的再次确认。本研究中具有早年家庭环境所致心理创伤经历被试占据整个样本的 26.9%，未发现抽样方式导致对此抽样比例产生影响，因此人格成长在组织承诺的影响中受到重视应具有一定比例的普遍性。

工作稳定也是员工是否选择留在组织的一个影响因素。刘小平、王重鸣（2001）等学者早在十余年前就已经发现在中国文化情境下，员工更倾向于关心工作的稳定性：其通过对比中西方文化情境下员工与企业关系的差异，发现中国国企员工认为工作很稳定最为重要（53%），而外资企业员工则认为有学习和发展成长的机会最为重要（100%）。随着中国社会的剧烈变化，不少研究支持工作稳定是员工择业和选择单位的一个重要影响因素（陈红，肖丰，李文瑶等，2010；黄敬宝，2012）；另外，有研究提出追求工作稳定的根本因素在于员工为了获得安全感（胡三嫚，2007；冯冬冬，陆昌勤，萧爱铃，2008）。因此，可以将工作稳定归属于个体为了获得安全感而愿意留在组织的一个影响因素进行分析。

最终，本研究获得包括人格成长、维护家庭、工作稳定、人际关系等在内的 16 个组织承诺核心因素结构（见表 4.13）。凌文铨等曾于 20 年前结合中国文化情境编制出适用于当时中国的中国职工组织承诺问卷（凌文铨，张治灿，方俐洛，2000），提出了五维组织承诺结构理论。结合凌文铨等的研究成果，对 16 个组织承诺核心因素结构的内涵进行重新分类（见表4.13），分别归属于以下 10 类组织承诺：感情承诺、经济承诺、机会承诺、规范承诺、理想承诺、安全承诺、乡土承诺、成长承诺、人际承诺和面子承诺，其中安全承诺、乡土承诺、成长承诺、人际承诺和面子承诺是新增的组织承诺类型，从而初步构成中国员工的组织承诺结构模型（见图4.3）。

表4.13   **核心因素与维度关系**

维度	核心因素	因素内容
经济承诺	经济收入	报酬、福利等经济条件较好
机会承诺	自我发展	晋升易、进修机会多
规范承诺	职业认同 职业意义	职工对组织的责任感
理想承诺	自我价值 人生理想 兴趣爱好 空闲时间	实现自己目标、发挥自己专长
安全承诺	维护家庭 工作稳定	能给自己的身体健康或保持亲密关系带来保障
乡土承诺	维护家庭	组织离原生家庭或次生家庭近
成长承诺	人格成长	能获得自我人格的成长
人际承诺	人际关系 领导支持 组织氛围	能获得良好的人际资源
面子承诺	感恩	给自己及亲朋好友带来面子

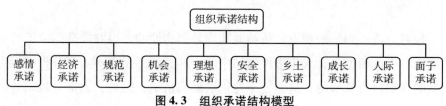

图4.3 组织承诺结构模型

4.3.2　情结因素模型

　　如图4.4所示，本研究构建了组织承诺情结因素模型。正如前述，完整的情结结构包括：客体—事件—行为—情绪四个组成部分，二维乃是依据情结结构构建的命名归类原则而确立，即情结的客体特征和动力特征。客体如果具有同质性，则又归为一类，如外公和爷爷均归为祖辈（客体），各类老师则归为老师（客体），各类同学或同事则归为同伴（客体），鉴于母亲、父亲、原生家庭为最为重要的客体，因此单独列出归类；动力特征则是情结结构中的事件、情绪等。最后形成母亲、父亲、原生家庭、老师、祖辈、同伴、人生事件情结等7个范畴，其中母亲、父亲、原生家庭、祖辈、老师、同伴情结归属于客体情结，人生事件情结则归属于动力情结。

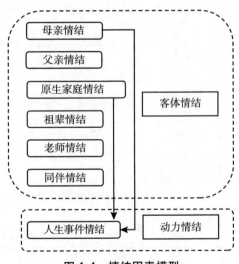

图4.4　情结因素模型

　　按照分析心理学的观点，情结并非均是创伤性的，也并非全是位于潜意识层面。在此模型中，人生事件情结中的一部分情结是在不需要分析即能为被试的意识自身觉察的，这是处于意识层面的情结；另外，大部分被试的情结均非创伤性的，但参与了被试人格的基本构建，对被试世界观、人生观和价值观等基本观念的形成起到了决定性作用。对于职业或工作的认知判断、稳定性观念也是归属于个体的基本观念，这些基本观念的核心部分具有相当的稳定性，但是也会随着人生经验的累积发生一定的迁变。另外，此模型中的情结之间并非无关，如母亲情结和原生家庭情结对于人生事件情结就具有重要影响。

通常，那些形成时间越早的情结越具有强大的影响力，从而能影响力量稍弱的形成时间较晚的情结，位于潜意识层面的情结占据了个体情结的绝大多数，对于意识层面的情结也具有影响力（范红霞，申荷永，李北容，2008）。通过本研究发现，前述的母亲和原生家庭是个体人生中最为重要的客体，由其所形成的情结通常位于潜意识层面，力量在所有情结中也是最强大的，因此被称之为核心情结。前述研究发现，母亲情结和原生家庭情结对人生事件情结产生了重要影响，之前的个案研究结果分析中不仅证实这一点，而且通过对母亲情结的次级结构对其他次级情结的作用机制分析，揭示了核心情结影响次级情结的机制，但鉴于篇幅的有限性，本研究未具体分析每一个被试的核心情结影响次级情结的具体机制。总的来说，如图 4.5 所示，该模型揭示了影响组织承诺结构的经典情结的类别和组成，其中母亲情结、父亲情结及原生家庭情结是这些经典情结中的核心部分，也是最原始的情结，对于其他情结及组织承诺结构均能产生不同程度的深刻影响，甚至是决定性影响。

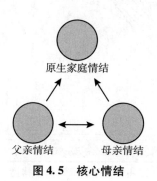

图 4.5 核心情结

4.3.3　组织承诺因果模型

组织承诺因果模型与组织承诺情结因素模型是组织承诺结构及情结因素机制模型中最为重要的组成部分（见图4.6），也是本研究对于组织行为学研究的主要贡献。组织承诺因果模型揭示了既往组织承诺影响因素研究中从未触及的现象及其规律，即员工的潜意识心理因素在相当程度上是影响其组织承诺的决定性因素，也是组织承诺的深层因素。

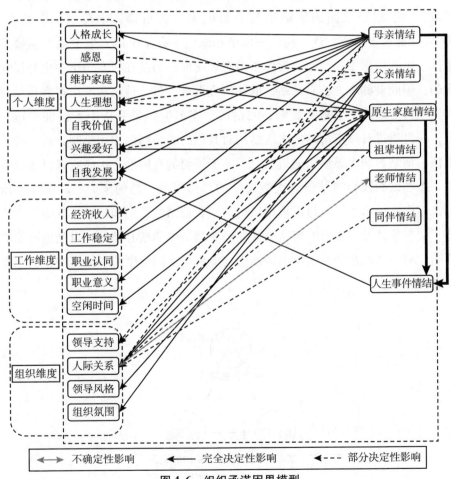

图4.6　组织承诺因果模型

通过对组织承诺因果模型中情结因素对组织承诺结构的影响度分析（见图 4.7），可以发现对于个人维度组织承诺结构，情结因素的影响有 13 个靶点，比重为 46.4%；对于组织维度组织承诺结构，情结因素的影响有 10 个靶点，比重为 35.7%；而对工作维度组织承诺结构的影响仅有 5 个靶点，比重仅为 17.9%。根据百分比的对比，情结因素与组织承诺结构的关系主要体现在对个体和组织维度上，也即情结因素主要影响的是个体与组织，为 82.1%。

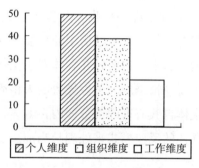

图 4.7　情结因素影响度

从分析心理学的理论来看，组织相对于员工个体就是客体（而员工个体就是主体），而员工个体早年人生的自我成长中最为重要的影响因素就是客体对主体（员工自我）的影响关系；按照精神分析取向的管理学观点，组织实质就是员工个体潜意识的外化形成的自我体系（Diamond & Allcorn，2003），这与 Klein 等的基本观点是一致的，Klein 等认为个体心理的构成更多与关系的内化有关，而与本能冲动的关系非常小，他们主张人类行为的动力源自人类关系的建立与发展；正是因为客体关系是儿童心理发展基础，母亲作为最重要的外在客体对儿童人格形成也产生了最重要的影响（Cashdan，2006）。组织承诺因果模型中情结因素与组织承诺结构的关系特征证实了以上的观点。因此，我们可以认为，早年人生经历中的重要外在客体与主体形成了什么样的关系，以及重要外在客体对主体产生了什么样的影响，那么主体就会按照早年人生经历所形成的关系模式和影响机制去面对新的重要外在客体，如工作组织，重要外在客体是指对于主体具有重要的意义的客体，这些意义可以是经济意义也可以是精神意义，或者其他重要的意义。在此需要说明的是（见图4.8），对于主体的心理层面而言，早期人生经历中的重要外在客体已经内化成为其自我心理中的部分——内在客体——也是情结的基本结构之一，如 Kernberg 即认为最初的客体关系是婴儿借助于先天的感知能力和记忆力将他与环境中的他人（尤其是母亲）的关系进行内化而形成的；客体关系及其组成包括三种基本成分：主体意象、客体意象和联结它们的感觉或情感倾向，因此客体关系及其组成是人格结构（包括自我、本我和超我）的基本材料，也就是说，自我、本我及超我都是由不同群集的内在客体关系组成的。当然，以后人生经历中的重要外在客体也只是引发其情结反应的外界刺激因素，后来的重要外在客体对于主体来说是客观存在物而非其心理存在物。由于既往情结的固著性导致的人格固化，后来的重要外在客体很难再内化成为主体自我心理的部分即内在客体，因此就会导致一个惯性现象：主体总是用既往的反应模式来处理与当前重要客体的关系。

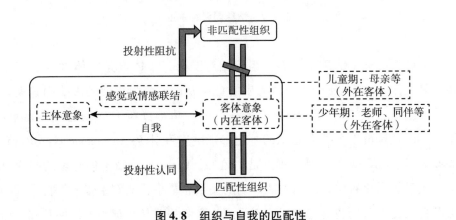

图 4.8　组织与自我的匹配性

因此，员工与组织之间的关系就会深刻地受到这种关系模式的影响。进一步来说，如果组织（重要客体）符合员工（主体）的某些积极情结中的既往重要客体特征，那么员工（主体）会对组织产生积极的认知、情绪和行为反应，这里面包括对组织的归属和忠诚；反之，如果组织（重要客体）

符合的是员工（主体）的某些消极情结中的既往重要客体特征，那么员工（主体）会对组织产生消极的反应。

从环境的外因角度来看，员工个体情结形成的外因是其早年生活环境，而早年生活环境中的文化情境也具有极为重要的影响。文化情境具有稳定性，也具有变动性，特别是受到政治因素和经济因素影响时更是如此。大量的现实案例证实包括组织承诺在内的员工组织行为学行为可能难以预测，可能这正是变动的文化情境作用于员工固著的情结及其影响下的个人组织行为学特征必然会发生的复杂变化和结果。基于情结及其影响下的个人组织行为学特征的稳定性，部分结果会遵循前述研究所提及的匹配性原理而可预测，但由于个体的生存法则参与了决策又会导致部分结果不可预测。在此的所谓生存法则，按照马斯洛的观点则即绝大多说个体当面对安全和生理的需要时会按照先满足这些基本需要再考虑其他的选择。然而，按照精神分析的观点，真正面对以上的两难选择情境时，也许其选择行为变得不可预测，但是结果是显然的，最终作出任何选择的员工将会承受极大的心理挫折和痛苦。如果我们暂时将员工个体的内因（内部的心理结构和能量）放在一边，那么外部因素（文化情境、局域环境等）无论是过去的（早年经历）还是现在的（变动的）都在深刻地影响着个体。对于个体来说，环境因素的影响力只是因时间序列的不同而存在强度的差异。按照这样的分析，对于员工与环境（组织）的关系，可以推导出符合逻辑的规律（见图 4.9）：第一，环境（组织）与员工自我（情结）匹配，且环境（组织）能满足员工的基本需要时，产生强烈认同而极大增强其环境（组织）归属感，选择积极留在环境（组织）；第二，环境（组织）与员工自我（情结）匹配，但环境（组织）不能满足员工的基本需要时，产生冲突而减弱其环境（组织）归属感，选择面临两难，个人在组织中的行为难以预测；第三，环境（组织）与员工自我（情结）不匹配，但环境（组织）能满足员工的基本需要时，产生冲突而减弱其环境（组织）归属感，选择面临两难，个人在组织中的行为难以预测；第四，环境（组织）与员工自我（情结）不匹配，且环境（组织）不能满足员工的基本需要时，产生阻抗而极大减弱其环境（组织）归属感，选择脱离环境（组织）。

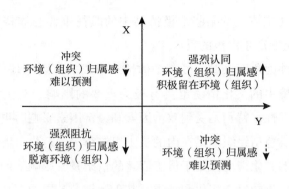

X—环境（组织）满足员工基本需要

Y—环境（组织）与员工自我（情结）的匹配性

图 4.9　组织承诺的四种预测（基于基本需要与匹配性）

进一步对组织承诺因果模型中情结因素对组织承诺结构的影响度分析可以发现，对组织承诺结构产生完全决定性影响的有 17 个靶点，对组织承诺结构产生部分决定性影响的有 10 个靶点，对组织承诺结构产生不确定性影响的有 1 个靶点。而核心情结因素（见图 4.5）对组织承诺结构有 23 个靶点，占 82.1%，其中对组织承诺结构产生完全决定性影响的有 15 个靶点，占完全决定性影响靶点的 88.2%，对组织承诺结构产生部分决定性影响的有 8 个靶点，占部分决定性影响靶点的 80.0%，说明核心情结对组织承诺结构的影响起主导作用（见图 4.10）。

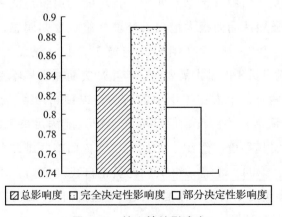

图 4.10　核心情结影响度

4.3.4　文化情境对组织承诺的影响机制

基于前述情结因素模型及组织承诺因果模型的分析，还可以发现文化情境对组织承诺的一种影响机制，即文化情境发生长期而稳定的变化时，会通过对员工个体所生活的微环境——即家庭、学校和工作单位等来影响员工个体的情结的形成，文化情境正是间接通过对员工个体深层心理因素（情结）产生影响，进而因素结构，最终影响组织承诺。因此，情结因素应是文化情境与组织承诺之间的中介变量之一（见图4.11）。

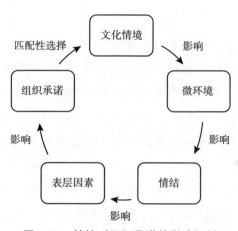

图 4.11　情境对组织承诺的影响机制

4.4　小　结

本章按照理论抽样的原则，采取滚雪球抽样抽取能为所研究问题提供相关信息直至理论饱和的多个个案进行研究，运用扎根理论编码方法、情结编码方法对这些个案的访谈资料进行编码分析和讨论。在开放式编码阶段，获得 14225 行原始语段和相应的初始概念，对初始概念存在同义现象者进行合并后，提炼出组织承诺结构一级编码的 271 个概念和 17 个范畴。通过主轴编码，归纳出组织承诺结构二级编码的 16 个主范畴。最后，经过核心编码，以及对相应文献研究支持的比较，获得由人格成长、维护家庭、感恩、兴趣爱好、人生理想、自我发展、自我价值、经济收入、工作稳定、职业意义、职业认同、空闲时间、人际关系、领导支持、组织氛围、领导风格等 16 个核心范畴构成的组织承诺结构。进一步结合凌文铨等的五维组织承诺结构理论，对 16 个核心范畴的内涵进行重新分类，分别归属于以下 10 类组织承诺：感情承诺、经济承诺、机会承诺、规范承诺、理想承诺、安全承诺、乡土承诺、成长承诺、人际承诺和面子承诺，其中安全承诺、乡土承诺、成长承诺、人际承诺和面子承诺是新增的组织承诺类型，从而构成员工的组织承诺结构模型。

本章通过对情结的编码分析，最终获得母亲、父亲、原生家庭、祖辈、老师、同伴、人生事件情结等 7 类情结范畴，并根据精神分析理论分别归属于客体情结、动力情结，由此构成组织承诺情结因素模型，该模型在既往研究文献中未有发现。在情结因素与组织承诺结构的关系方面，发现情结因素与组织承诺结构存在一因多果、多因一果、多因多果等多型组织承诺因果模型，进一步证实了情结是组织承诺结构的深层因素，组织承诺结构受到情结的不同程度影响。

本章多案例分析结果也对前一章的个案分析结果进行了验证和补充，在此过程中部分概念和范畴也进行了重新编码和归属，最终形成了前述的稳定研究结果。

总的来说，通过前述的质性研究，可以发现：

（1）员工组织承诺结构受到文化情境的深刻影响。一方面，文化情境直接对组织承诺结构产生影响从而影响组织承诺；另一方面，文化情境通过间接对员工个体深层心理因素（情结）产生影响，进而来影响结构。

（2）情结是影响组织承诺的深层因素。但文化情境发生长期而稳定的变化时，会通过对员工个体所生活的微环境——即家庭、学校和工作单位等来影响员工个体的情结，从而影响结构。

第5章　基于质性研究结果的
组织承诺问卷编制

5.1　研究目的

　　基于前述员工组织承诺影响因素的质性研究结果所开发的组织承诺结构，结合既往凌文铨中国员工组织承诺问卷，编制出组织承诺预测问卷。通过对预测问卷的样本测试，筛选题项以形成组织承诺正式问卷，对凌文铨中国员工组织承诺问卷进行修订，从而检验前述质性研究结论。

5.2　研究程序

5.2.1　预测问卷的编制及检验

5.2.1.1　编制预测问卷

　　由于不同国家在不同的时期的制度和文化存在差异，组织承诺会具有共性特征和个性特征。为此，凌文铨等（2000）依据当时的中国文化情境研制出适用于当时中国企业的中国职工组织承诺问卷，问卷基于正处于中国改革开放的转折时期的情境设置，而中国的改革开放政策给中国企业和员工均带来了巨大的变化。员工与组织的关系发生了变化，员工有了择业的自由，在对组织的依赖性逐渐减弱的同时，却面临着工作不稳定带来的挫折感及就业难的困境。然而，随着中国社会的不断发展，当今时代已与上述研究所处的文化情境发生了很大变化。一方面，随着中国不断融入国际社会，中国企业和员工趋于成熟，对于来源于西方经济模式下的聘用制已基本接受，而且随着包括医保和社保在内的社会福利保证制度的完善，中国员工对于自身与组织的关系的态度已经发生了变化，既往改革开放转折时期中的不安全感及失落感已基本消失；另一方面，中国员工的物质生活质量普遍得到了提高，开始有了关注和满足精神需求的需要，如中国传统的生活方式、家庭观念等，自我精神发展等。以上两方面的因素都可能影响着中国员工对于其所处组织的态度及相互关系，因此有必要因时、因地制宜地进一步探析中国员工组织承诺的结构特征，重新编订基于新的中国文化情境的组织承诺问卷。

本研究通过前期质性研究，最终获得包括人格成长、维护家庭、工作稳定、人际关系等在内的影响组织承诺的 16 个核心范畴因素结构（见表4.9）。其中维护家庭、人格成长、工作稳定和人际关系等是新发现的因素。考虑到文化的稳定性，因此在继续保留凌文辁的中国员工组织承诺五维结构模型基础上，增加安全承诺、乡土承诺、成长承诺、人际承诺和面子承诺等 5 个新的维度。其中，根据维护家庭因素所涵盖的意义，将其分别归于安全承诺和乡土承诺两个维度中；工作稳定归于安全承诺维度中；人格成长归于成长承诺维度；人际关系归于人际承诺维度；根据前期研究中对感恩的内涵分析，将其归于人际承诺和面子承诺两个维度中。

最终拟定的组织承诺预测问卷包含了感情承诺、机会承诺、规范承诺、经济承诺、理想承诺、安全承诺、乡土承诺、成长承诺、人际承诺和面子承诺等 10 个分量表，维度的题项为 4 ~ 7 道题，总题项数为 58 题。组织承诺预测问卷编制步骤如下：

第一，预测问卷的题项数约为正式问卷题项数的 1.5 倍即可（吴明隆，2003）。因此，如果正式问卷每个维度为 3 ~ 4 个题项，则组织承诺预测问卷每个维度拟定 4～6 个题项即可，共 58 项。

第二，选取题项编写问卷的指导语。

第三，为确保预测问卷的内容效度，请部分企事业员工对预测问卷的指导语与题项进行评价和确定，主要评估所选题项和提取题项是否具有代表性，以及每个题项的表达和描述是否符合测试对象的认知水平；邀请 3 位组织行为研究领域的专家分别对 58 个题项的内容和表述方式进行审核，判断题项的表述是否简洁明了、各个题项是否与建构的核心维度相关。根据专家小组意见，认为 10 维度 58 项目预测问卷合适，不需要修改。由此，最终拟定的组织承诺预测问卷共包含 58 个题项。

第四，最后拟定的预测问卷由 58 个题项组成，题项按随机顺序排列，采用李克特式五点量表评分方法。

5.2.1.2 被试者

吴明隆（2003）认为，如果分量表的题项数少于 40 题，最多项分量表题项数与预试人数比例约为 1∶5 最为合适，故预试样本人数选择至少 290 人即可。本研究从广西壮族自治区内，采用随机抽样的方法选取各企事业员工502 名，最终确定有效被试者 482 名，被试者构成见表 5.1。

表 5.1 482 名被试构成

变量	项目	人数（名）	百分数（%）
性别	男	205	42.5
	女	277	57.5
年龄阶段	≤30 岁	270	56.0
	31～40 岁	175	36.3
	41～50 岁	34	7.1
	51～60 岁	3	0.6
民族	汉族	344	71.4
	少数民族	138	28.6

变量	项目	人数（名）	百分数（%）
婚姻	未婚	214	44.4
	已婚	251	52.1
	离异	17	3.5
教育水平	初中以下	7	1.5
	高中/中专/技校	36	7.5
	大专	146	30.3
	本科	239	49.6
	硕士以上	54	11.2
宗教信仰	无	426	88.4
	有	56	11.6

5.2.1.3　施测

通过中小企业协会等部门的协助，研究采用随机抽样手段，将广西壮族自治区的南宁、柳州和桂林3个市区的企事业单位员工作为调研对象，每个城市分别选取2个事业单位和企业单位，最后在所选取的单位中随机抽取年龄在20～60岁的员工作为研究对象。在预定的区间时间内，分批组织受试员工上网测试，完成组织承诺问卷。共有502名员工实际参与问卷调查，最后回收问卷489份，问卷回收率97.4%，剔除空白问卷、关键数据缺失和明显随意填答的问卷7份，有效问卷482份。测试时间为2017年12月底。

5.2.1.4　数据处理和处理指标

本问卷调查结果使用SPSS22.0 for window统计软件包进行处理。

（1）预测问卷的项目分析。

对预测问卷进行项目分析，即采用相关性检验与同质性检验对组织承诺预测问卷的题项进行筛选（吴明隆，2010）。首先对预测问卷各题项和各分量表总分进行相关性检验，保留题项的标准是：各题项与各分量表总分的相关不仅要达到显著（$P < 0.05$），且两者间的相关还要呈现中高度关系，即相关系数至少要在 0.4 以上。对于 Pearson 系数小于 0.4 且 $P > 0.05$ 的题项需要删除。

然后再对问卷进行同质性检验以进行信度分析。信度分析的目的是检验某些题项删除后的问卷整体信度系数变化情形。如果某些题项删除后的问卷整体信度系数比未删除前的信度系数（内部一致性 α 系数）高，则删除的题项与其余题项所要测量的属性可能不相同，代表此题项与其他题项的同质性不高，在进行同质性检验时需要将此题项删除。

（2）预测问卷的探索性因素分析。

为了保证预测问卷的建构效度，需要继续对预测问卷进行探索性因素分析。在进行探索性因素分析前首先应对该问卷进行适合度检测，以检测问卷的题项是否合适作因素分析。

根据前面相关性检验结果及实际情况，考虑到理论建构问题，10 个维度才能符合前述质性研究的结论，因此采用主成分—直交旋转—最大变异法进行因素分析。

在进行探索性因素分析中，为了筛选合适的题项形成正式问卷，保证结构模型与题项的正确性，并进一步简化因子结构，需要确立以下标准：

（1）因素负荷值：根据因子分析理论（Bryman & Cramer，1999），题项的因子负荷值表示题项与某公因子之间的相关性。题项的因子负荷值越大显示其与公因子的关系越密切；若该题项与公因子相关性低，显示该题项的意义不匹配某公因子并应删除。删除所有因子负荷值小于 0.40 的题项，删除交叉负荷值超大于 0.35 的题项。

（2）每个因子至少包含 2 个题目，包含 2 个题目以下的因子将删除整个因子所包含的题目（吴明隆，2010）。

（3）题项与因子含义不一致，难以和其他题项表述的含义合并为一个概念。

（4）以特征值 ≥ 1 为因子抽取的原则，确定抽取因子的有效数目。

5.2.2 正式问卷的验证性因素分析

为了进一步检验 34 项组织承诺问卷的结构效度，采用验证性因素分析对问卷进行结构效度检验。为此，本研究继续从广西南宁、柳州和桂林 3 个市区的企事业单位员工作为调研对象，每个城市分别选取 2 个事业单位和企业单位，最后在所选取的单位中随机抽取年龄在 20 ~ 60 岁的员工作为研究对象。在预定的区间时间内，分批组织受试员工上网测试，完成 34 项组织承诺问卷。有 382 名员工实际参与问卷调查，最终回收问卷 380 份，问卷回收率 99.4%，剔除空白问卷、关键数据缺失和明显随意填答的问卷 13 份，有效问卷 367 份。测试时间为 2018 年 4 月底。被试者构成见表 5.2。

表 5.2   367 名被试者构成

变量	项目	人数（名）	百分数（%）
性别	男	175	47.6
	女	192	52.4
年龄阶段	≤30 岁	130	35.4
	31 ~ 40 岁	161	43.9
	41 ~ 50 岁	64	17.4
	51 ~ 60 岁	12	0.3
民族	汉族	273	74.4
	少数民族	94	25.6
婚姻	未婚	169	46.0
	已婚	188	51.2
	离异	10	2.7
教育水平	初中以下	4	1.1
	高中/中专/技校	27	7.4
	大专	112	30.5
	本科	183	49.9
	硕士以上	41	11.2

变量	项目	人数（名）	百分数（%）
宗教信仰	无	342	93.2
	有	25	6.8

接着进一步使用 Amos21.0 软件对 367 名员工被试者的问卷结果进行 34 项组织承诺问卷结构模型的拟合性检验。

5.3 结果与分析

5.3.1 项目分析结果

经相关性检测，C57、C58 题项与组织承诺总分的相关系数均小于 0.4，故删除 C57、C58 题项（见表 5.3）。

表 5.3　　　　相关性分析

		C57	C58
组织承诺总分	Pearson 相关	0.030	0.031
	显著性（双尾）	0.507	0.496
	N	482	482

经同质性检验，预测问卷的内部一致性 α 系数为 0.927（见表 5.4），除去 C5 外其余 56 个题项的题项删除后 α 系数均小于或等于 0.928，故删除 C5 题，保留其余 56 个题项（见表 5.5）。

表5.4 信度统计资料

Cronbach 的 α	项目个数
0.927	56

表5.5 项目总计统计数据（略表）

	尺度平均数（若项目已删除）	尺度变异数（若项目已删除）	更正后项目总数相关	Cronbach 的 α（若项目已删除）
C5	150.36	372.874	0.103	0.928

5.3.2 探索性因素分析结果

经检验，KMO 值为 0.911，Bartlett 球形度检验近似卡方值为 12007.145，sig < 0.01（见表5.6），说明问卷极适合进行因素分析；56个题项的 MSA 值位于 0.794 ~ 0.958，均大于 0.50，说明56个题项也很适合进行因素分析（吴明隆，2010）。

表5.6 KMO 与 Bartlett 检验

Kaiser – Meyer – Olkin 测量取样适当性		0.911
Bartlett 的球形检定	大约卡方	12007.145
	df	1485
	显著性	0.000

接着采用主成分—直交旋转—最大变异法进行第一次因素分析，抽取出的12个因素能解释总体变异的 61.473%，高于 60%（见表5.7）。因此，本研究适合采用主成分—正交旋转—最大变异法。

表 5.7 第一次因子分析解释总变异量

成分	起始特征值			循环平方和载入		
	总计	变异（%）	累加（%）	总计	变异（%）	累加（%）
1	12.496	22.720	22.720	8.171	14.857	14.857
2	5.094	9.263	31.983	4.339	7.889	22.746
3	3.731	6.784	38.767	3.019	5.489	28.235
4	2.487	4.522	43.289	2.837	5.159	33.394
5	1.667	3.031	46.320	2.818	5.123	38.517
6	1.455	2.646	48.966	2.355	4.281	42.798
7	1.341	2.438	51.404	2.117	3.849	46.646
8	1.201	2.183	53.587	1.856	3.374	50.021
9	1.172	2.130	55.717	1.827	3.322	53.343
10	1.093	1.987	57.704	1.682	3.058	56.401
11	1.047	1.904	59.608	1.539	2.799	59.199
12	1.025	1.865	61.473	1.250	2.273	61.473

第一次因素分析后根据删除标准删除的是 C10、C12、C13、C15、C21、C24、C26、C27、C29、C42 题项，接下来进行了第二次因素分析删除了 C1、C32、C34、C35、C37、C39、C47 题项，第三次因素分析删除了 C3、C7、C40、C55 题项。进行第四次因素分析后，所抽取的 10 个因子能解释总体变异的 60.082%（见表 5.9、表 5.10），每个题项的因素负荷在 0.50～0.78（见表 5.11），结合碎石图（见图 5.1），更说明 10 个因子的因素结构较为理想。该 10 个因子涵盖了 C2，C4，C6，C8，C9，C11，C14，C16，C17，C18，C19，C20，C22，C23，C25，C28，C30，C31，C33，C36，C38，C41，C43，C44，C45，C46，C48，C49，C50，C51，C52，C53，C54，C56 共 34 个题项。进一步根据各个因子的题项构成，对析出的因子分别命名为：感情承诺、规范承诺、理想承诺、经济承诺、机会承诺、安全承诺、乡土承诺、成长承诺、人际承诺、面子承诺，与根据前述研究结论所建构的组织承诺结构一致。

表 5.8 第四次因素分析转轴成分矩阵

	成分									
	1	2	3	4	5	6	7	8	9	10
C22	0.759									
C9	0.753									
C17	0.746									
C2	0.736									
C28		0.742								
C19		0.730								
C36		0.716								
C23		0.708								
C46			0.768							
C49			0.733							
C43			0.726							
C52			0.685							
C8				0.737						
C14				0.705						
C4				0.644						
C18				0.623						
C25					0.753					
C20					0.626					
C38					0.594					
C30					0.486					
C53						0.795				
C50						0.723				
C56						0.680				
C41							0.765			
C44							0.727			
C33							0.530			
C16								0.622		

续表

	成分									
	1	2	3	4	5	6	7	8	9	10
C6								0.548		
C11								0.531		
C45									0.584	
C51									0.598	
C48									0.524	
C31										0.462
C54										0.505

表 5.9 　　　　　　　　　　第四次因素分析解释总变异量

成分	起始特征值			循环平方和载入		
	总计	变异（%）	累加（%）	总计	变异（%）	累加（%）
1	11.320	23.103	23.103	7.714	15.742	15.742
2	4.833	9.863	32.966	4.304	8.784	24.526
3	3.583	7.312	40.278	3.467	7.076	31.602
4	2.360	4.817	45.095	2.994	6.109	37.711
5	1.584	3.233	48.327	2.816	5.747	43.458
6	1.287	2.626	50.953	2.217	4.525	47.983
7	1.202	2.454	53.407	1.738	3.547	51.530
8	1.117	2.280	55.687	1.601	3.267	54.796
9	1.097	2.239	57.926	1.349	2.754	57.550
10	1.057	2.156	60.082	1.241	2.532	60.082

表 5.10 　　　　　　　第四次因素分析 KMO 与 Bartlett 检验

Kaiser – Meyer – Olkin 测量取样适当性		0.913
Bartlett 的球形检定	大约卡方	6431.334
	df	561
	显著性	0.000

表 5.11   第四次因素分析共同性

	起始	萃取
C2	1.000	0.501
C4	1.000	0.789
C6	1.000	0.598
C8	1.000	0.668
C9	1.000	0.589
C11	1.000	0.587
C14	1.000	0.541
C16	1.000	0.607
C17	1.000	0.545
C18	1.000	0.637
C19	1.000	0.643
C20	1.000	0.630
C22	1.000	0.575
C23	1.000	0.635
C25	1.000	0.653
C28	1.000	0.626
C30	1.000	0.623
C31	1.000	0.522
C33	1.000	0.618
C36	1.000	0.620
C38	1.000	0.572
C41	1.000	0.560
C43	1.000	0.650
C44	1.000	0.525
C45	1.000	0.687
C46	1.000	0.704

续表

	起始	萃取
C48	1.000	0.602
C49	1.000	0.618
C50	1.000	0.683
C51	1.000	0.690
C52	1.000	0.656
C53	1.000	0.698
C54	1.000	0.590
C56	1.000	0.652

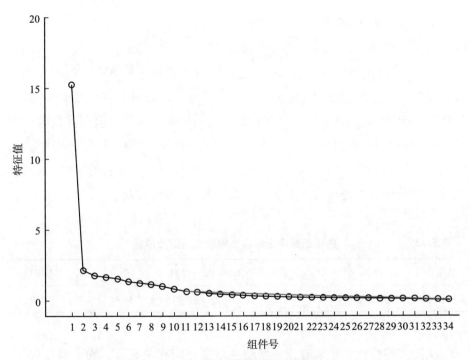

图 5.1　第四次因素分析碎石图

萃取方法：主成分分析。

转轴方法：具有 Kaiser 正态化的最大变异法。

a. 在 15 迭代中收敛循环。

通过探索性因素分析的结果发现，基于沙盘游戏结合质性研究分析开发的组织承诺的构思得到了初步的验证。经过探索性因素分析得到的 34 个题项的新量表，α 系数为 0.885（见表 5.12），表明该量表具有良好的稳定性。最后形成组织承诺问卷的因子结构包括感情承诺、规范承诺、理想承诺、经济承诺、机会承诺、安全承诺、乡土承诺、成长承诺、人际承诺和面子承诺10 个因子，共 34 个题项。

表 5.12　　　　　　　　34 项预测问卷信度统计资料

Cronbach 的 α	项目个数
0.885	34

5.3.3　验证性因素分析结果

采用 34 项组织承诺问卷进行调查，对调查数据采用 AMOS 的拟合性检验，结果显示，拟合优度 $\chi^2/df = 2.810$，小于 3，表明是在可接受范围内；RMSEA（近似误差均方根）为 0.072，小于 0.08，属于可接受的指数；在正态化的拟合指数方面分别为 NFI = 0.916，IFI = 0.924，均大于 0.90；比较拟合的指数方面，CFI = 0.917，也大于 0.90。由这些指标说明，本问卷结构模型的拟合度是在可接受水平（见表 5.13 和图 5.2）。

表 5.13　　　　　　　34 项组织承诺问卷结构模型的拟合指标

具体分类	χ^2	df	χ^2/df	RMSEA	NFI	IFI	TLI	CFI
拟合结果	1635.651	582	2.810	0.072	0.916	0.924	0.921	0.917

从协方差检验结果来看，本模型各维度之间相关显著，均达到 0.05 的显著水平；但同时相关系数不高，说明研究设计的问卷区别效度良好（见表 5.14）。

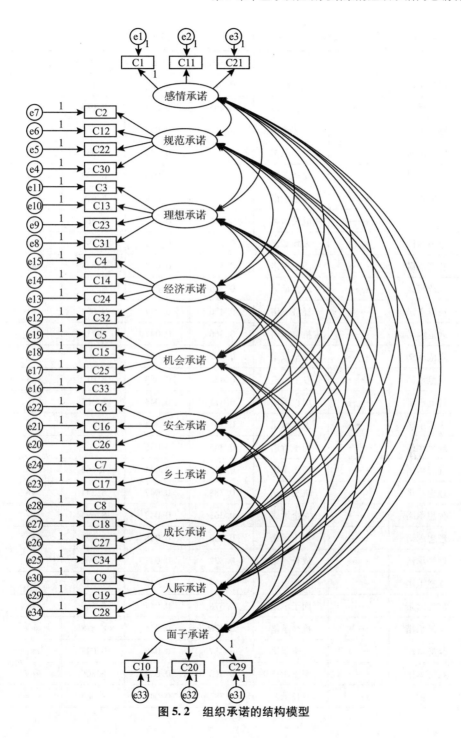

图 5.2　组织承诺的结构模型

表5.14 协方差：(Group number 1 – Default model)

			Estimate	S. E.	C. R.	P
感情承诺	←→	规范承诺	0.318	0.039	8.133	***
感情承诺	←→	理想承诺	0.295	0.037	7.986	***
感情承诺	←→	经济承诺	0.36	0.042	8.536	***
感情承诺	←→	机会承诺	0.435	0.049	8.946	***
感情承诺	←→	安全承诺	0.382	0.043	8.909	***
感情承诺	←→	乡土承诺	0.37	0.049	7.616	***
感情承诺	←→	成长承诺	0.346	0.041	8.366	***
感情承诺	←→	人际承诺	0.259	0.041	6.293	***
感情承诺	←→	面子承诺	0.363	0.043	8.443	***
规范承诺	←→	理想承诺	0.339	0.041	8.35	***
规范承诺	←→	经济承诺	0.426	0.047	9.092	***
规范承诺	←→	机会承诺	0.366	0.047	7.71	***
规范承诺	←→	安全承诺	0.412	0.046	8.94	***
规范承诺	←→	乡土承诺	0.422	0.053	8.01	***
规范承诺	←→	成长承诺	0.371	0.044	8.363	***
规范承诺	←→	人际承诺	0.29	0.044	6.633	***
规范承诺	←→	面子承诺	0.365	0.045	8.107	***
理想承诺	←→	经济承诺	0.312	0.041	7.663	***
理想承诺	←→	机会承诺	0.388	0.047	8.244	***
理想承诺	←→	安全承诺	0.363	0.043	8.494	***
理想承诺	←→	乡土承诺	0.353	0.048	7.321	***
理想承诺	←→	成长承诺	0.322	0.041	7.902	***
理想承诺	←→	人际承诺	0.324	0.043	7.533	***
理想承诺	←→	面子承诺	0.378	0.044	8.569	***
经济承诺	←→	机会承诺	0.476	0.054	8.818	***
经济承诺	←→	安全承诺	0.437	0.048	9.027	***
经济承诺	←→	乡土承诺	0.363	0.053	6.806	***
经济承诺	←→	成长承诺	0.385	0.046	8.303	***

			Estimate	S. E.	C. R.	P
经济承诺	←→	人际承诺	0.29	0.047	6.243	***
经济承诺	←→	面子承诺	0.431	0.049	8.773	***
机会承诺	←→	安全承诺	0.503	0.055	9.163	***
机会承诺	←→	乡土承诺	0.501	0.062	8.095	***
机会承诺	←→	成长承诺	0.476	0.054	8.809	***
机会承诺	←→	人际承诺	0.428	0.054	7.915	***
机会承诺	←→	面子承诺	0.547	0.058	9.458	***
安全承诺	←→	乡土承诺	0.387	0.054	7.14	***
安全承诺	←→	成长承诺	0.331	0.044	7.459	***
安全承诺	←→	人际承诺	0.345	0.048	7.186	***
安全承诺	←→	面子承诺	0.419	0.049	8.616	***
乡土承诺	←→	成长承诺	0.384	0.053	7.258	***

从各题项在对应问卷维度上的标准化回归的因素负荷分析，各题项的因素负荷都比较高，介于 0.60~0.94，说明该问卷各维度的聚合效度都比较高，问卷设计效果良好（见表 5.15）。

表 5.15　　标准化回归权重：（Group number 1 – Default model）

			Estimate
C1	←	感情承诺	0.855
C11	←	感情承诺	0.874
C21	←	感情承诺	0.885
C30	←	规范承诺	0.787
C22	←	规范承诺	0.832
C12	←	规范承诺	0.794
C2	←	规范承诺	0.619
C31	←	理想承诺	0.766

续表

			Estimate
C23	←	理想承诺	0.804
C13	←	理想承诺	0.796
C3	←	理想承诺	0.594
C32	←	经济承诺	0.884
C24	←	经济承诺	0.840
C14	←	经济承诺	0.886
C4	←	经济承诺	0.815
C33	←	机会承诺	0.781
C25	←	机会承诺	0.757
C15	←	机会承诺	0.878
C5	←	机会承诺	0.935
C26	←	安全承诺	0.923
C16	←	安全承诺	0.898
C6	←	安全承诺	0.885
C17	←	乡土承诺	0.911
C7	←	乡土承诺	0.874
C34	←	成长承诺	0.806
C27	←	成长承诺	0.857
C18	←	成长承诺	0.841
C8	←	成长承诺	0.887
C19	←	人际承诺	0.918
C9	←	人际承诺	0.883
C29	←	面子承诺	0.906
C20	←	面子承诺	0.927
C10	←	面子承诺	0.907
C28	←	人际承诺	0.867

5.4　讨论与小结

5.4.1　中国文化情境下组织承诺的结构

凌文铨等（2000）曾提出中国员工组织承诺五因素结构模型理论，认为有别于西方社会，中国情境下员工组织承诺结构由机会承诺、感情承诺、规范承诺、理想承诺、经济承诺等 5 个维度构成。但是随着中国社会发生的巨大变化，组织承诺的结构也可能发生了变化，因此根据前期的质性研究提出了安全承诺、乡土承诺、成长承诺、人际承诺和面子承诺等 5 个新增的维度。由此拟定出由机会承诺、感情承诺、规范承诺、理想承诺、经济承诺、安全承诺、乡土承诺、成长承诺、人际承诺和面子承诺等 10 个维度构成的组织承诺预测问卷。

通过对拟定的组织承诺预测问卷调查结果进行探索性因素分析发现，10 个因子构成的问卷比较稳定，因子结构和命名也与理论构想一致。由此，最终确定中国情境下员工组织承诺的因子结构，并对每个因子分别命名为：机会承诺、感情承诺、规范承诺、理想承诺、经济承诺、安全承诺、乡土承诺、成长承诺、人际承诺和面子承诺。

同时本研究又在同质性总体中采取同样的抽样方法抽取出另一样本，对最后形成的中国情境下员工组织承诺结构作了验证性因素分析。所有相关统计指标均证明，中国情境下员工组织承诺的结构模型具有较好的拟合度。中国情境下员工组织承诺各维度的具体命名和含义如下。

由于凌文铨等在构建中国员工组织承诺五因素结构模型理论时选取的是中国文化情境下的员工样本进行调研，能够较好反映中国文化对于组织承诺的影响，因此本研究的中国员工组织承诺结构对于规范承诺、理想承诺、经济承诺、感情承诺和机会承诺的定义也仍然遵循凌文铨等人的定义（谭晨，凌文铨，方俐洛，2002），即：感情承诺是指员工与组织之间形成了深厚感情，产生了对组织的认同感，因此不愿离开组织；理想承诺是指员工关注自身专长在组织能否得到发挥，以及组织能否提供各项条件而获得晋升，以实现理想；规范承诺是指员工对组织的责任感，这种责任感来源于员工自身的社会规范及职业道德观；经济承诺则是员工因经济损失的顾虑而留在组织的承诺；机会承诺是指员工没有更好的工作机会而只能待在组织里。

但是随着中国社会的巨大变革，从凌文辁等构建中国员工组织承诺五因素结构模型理论至今已经过去 20 来年，中国社会也发生了巨变。中国员工心理及与组织关系也发生改变，回归传统文化及提高自我精神需求、进一步向世界优秀文化学习的思潮在激流勇进的同时也在相互竞争和冲突，这些都深刻地影响着当今时代背景下中国员工的从业心态及与组织之间的关系。而事实上，对于中国员工来说，组织承诺的结构和内涵也已经发生了变化。本研究构建的中国员工组织承诺结构发现，组织承诺除了规范承诺、理想承诺、经济承诺、感情承诺和机会承诺的构成外，还新增了安全承诺、乡土承诺、成长承诺、人际承诺和面子承诺等 5 个构成维度。其中，安全承诺是指员工待在组织的原因是组织不会带来生理损害或亲密关系损害；乡土承诺是指员工待在组织的原因是离原生家庭或次生家庭近；成长承诺是指员工为了从组织中获得自我人格的成长和发展的资源及条件而待在组织中；人际承诺是指员工顾及自己的组织人际关系而待在组织；面子承诺是指员工由于自己面子及亲朋好友面子而待在组织。

最后，通过对中国员工组织承诺问卷的修订，也验证了前期质性研究的部分结论，即：（1）员工组织承诺结构受到文化情境的深刻影响。文化情境一方面直接对组织承诺结构产生影响从而影响组织承诺，另一方面又通过影响员工个体深层心理因素（情结）来因素结构，进而间接影响组织承诺。（2）文化情境发生长期而稳定的变化时，会通过对员工个体所生活的微环境——即家庭、学校和工作单位等发生作用，进而来影响员工个体的深层心理因素（情结）及组织承诺结构。

5.4.2 十维结构组织承诺问卷的信度和效度

本问卷的信度检验主要采用同质信度检验。从结果可看出，本问卷在各因子上具有可接受信度指标，通过样本验证信度估计与效度比较表明该问卷具有较好的外在信效度。为保证本问卷的有效性我们使用内容效度，效标关联的效度与结构效度以问卷的效度进行了检验。结果证明，本研究的组织承诺问卷有可接受水平的效度。

本问卷的所有题项均来源于前期质性研究结果及前人研究结果等基础，并请部分企事业员工对本问卷的题项与内容的符合性作出评估，从而保证问卷的题项能真实反映员工组织承诺的各个重要层面。在正式问卷形成和编制过程中，还对问卷的题项进行了多次检验和修改，使得该问卷具有可接受的内容效度。

根据前述探索性因素分析与验证性因素分析的结果显示，各项统计指标均接近问卷编制的统计学标准，拟合度相对较好，支持该问卷的结构效度在可接受水平，验定了本问卷的合理性和有效性。因此，本问卷作为研究中国文化影响范围内的各类组织员工组织承诺是比较适合的工具，但需要扩大抽样范围和增加样本含量来进一步研究证实该问卷的信度和效度。

第6章 基于组织承诺的组织管理应用建议

6.1 十维结构模型与组织管理应用建议

经典的人性化管理思想相对于经济主义导向的管理思想确实具有了很大进步，但仍然缺乏具体有效的管理策略。人性化管理方式则关注包括员工在内的所有利益相关者的利益，不局限于股东，在激励方面表现出对马斯洛需要层次理论中高层次需要的尊重和满足（曹元坤，李志成和徐红丹，2014）。然而，尽管经典的人性化管理思想也强调尊重人格和尊严（Spitzec，2011），甚至 Acevedo（2012）也提出从人格角度提高对人性化管理的理解，强调人性化管理应该赋予个体人格的尊重。但是个体尽管具有对于人格和尊严的共性需求，却又存在着很大的差异性，这种差异性受到不同个体的先天气质特征以及早年生活环境（文化情境、局域环境如原生家庭）的决定性影响。对此，经典的人性化组织管理思想只能具有一般意义，缺乏针对每个人的策略。

因此，需要进一步拓展经典人性化管理思想，应结合包括心理学在内的认知科学等多学科的支持，探索组织中不同个体的个性心理特征及心理需求，评估其真伪性和层级性，创建新型人性化管理思想和管理策略。

正如前文所述，该模型与既往同类研究对比发现了一些新的组织承诺结构，这些因素主要集中在个人维度，如感恩、维护家庭、人格成长、兴趣爱好等。具体来说，人生理想因素在早期影响着组织承诺，随着个体人生经验和职业经历的增长，逐渐失去影响力。在前述模型的分析中，可以发现个体所处的文化情境和局域环境（主要是原生家庭）对组织承诺结构产生了不同程度的影响：兴趣爱好因素似乎受到的影响不明显，但是感恩、维护家庭、人格成长等因素明显受到影响，总的来说这种影响既来源于文化情境如中国文化特色思想的作用，又有局域环境（主要是原生家庭）的作用，但不同因素受到的具体影响存在一定差异；另外，如前所述，作为员工个体潜意识"重要客体"及客体关系外化的组织和个体—组织关系也呈现出受到早年生活环境影响（见图 3.8）。其中，感恩是具有中国文化特色的本土化概念—关系的基础之一，充分体现了中国文化情境的深刻影响；维护家庭尽管更为受到女性被试者重视，但是仍有 33.3% 的男性被试者将其视为组织承诺结构，体现了中国文化重视家庭的传统观念；人格成长则受到局域环境的深刻影响，具有创伤性情结的被试者重视人格成长对组织承诺的影响。这些结论是通过对访谈文本的质性分析后发现的，可能并不具有统计学意义，但对于发展人力资源管理思想和构建新的管理策略却具有建树。

个体早年生活环境包括文化情境和局域环境，其中文化情境是指由所在国家文化为主体构成的，所在区域人类从事文化活动的一些基础文化条件。文化情境包括科学技术、社会组织、政治条件等，通过无所不在的手段，对生活在其中的人们的思维和行为方式、道德标准和价值观作出独特的标记，并逐渐积累起来，形成独特的深层文化结构，从而将一个人塑造成为一个属于特定文化群体和文化情境的人（袁水镜，2007）。

关于文化情境对企业管理影响的最早研究是著名的美国管理学者切斯特巴纳德和菲利普塞尔兹尼克。后来，德鲁克直接将管理与文化联系起来。他认为管理是一门受文化限制的科学。在 20 世纪 70 年代后期，日本公司在国际市场竞争中表现出惊人的韧性和强大的竞争力。经过对日本企业管理的仔细研究和分析，美国管理学者发现这两家公司在制度、结构和战略等方面都没有区别，差异仅在于文化因素，如人、技能、风格和最高目标，证实了文化情境比传统管理理论和方法对管理有更重要的影响力（蒋亚奇，2005）。

事实上，中国的文化情境通过个人和组织等多种渠道对管理产生深远的影响。有研究发现（李艳萍，翁艳娟，2003），中国企业深受儒家文化的影响，具有尊重和谐、平等的人际关系，重视德育，追求传统美德的特点。此外，中国企业也重视家庭伦理，以家庭为生产经营单位，将"家"的理念推向中国社会各个层面的组织，企业、国家已成为家庭的典范。最后，中国企业崇尚"人治"而轻"法治"的管理模式，企业管理决策中领导者的主观判断和情感喜好往往占据主导地位。

李前兵等（2006）对华人企业的文化情境因素进行了深度分析，提出儒家文化的家族取向、关系取向、权威取向和他人取向四个基本特征是华人企业人力资源管理的理念、制度以及实践的文化动因。袁水镜（2007）通过对费孝通以人类学和社会学的立场对中国传统社会及文化的研究结果的分析，提出中国传统文化本质上是一种关系文化和圈子文化，"关系标准"是汉族心理中积累的最顽固价值体系。基于"关系标准"的文化观念，人们以血亲—姻亲—宗亲—乡亲四亲结构为核心和基础所构成的关系及其延伸形式为纽带，逐渐交织起广泛的层层关系网。"关系标准"导致生活其中的社会成员一般总得依附某种关系网，才能在社会上生存下来，这样就形成了重重的依附关系，这种重视关系的观念和现实是中国社会的基本特征。近20年来，关系一词逐渐成为中国最具特色的本土化概念而受到国际管理学研究领域的重视，关系不需要翻译和解释而直接以"guanxi"拼音形式成为西方主流文献中获得合法地位的概念（Chen X P & Chen C C.，2004），这表明"关系"对中国文化特征的基本解释力。

既往的研究显示，本土文化情境对于个体和组织的影响事实上具有双面效应。重视本土文化情境，从而制定组织管理应用建议需要遵循有效原则，而非泛文化主义。本研究所建构的十维模型中，揭示了时至今日，传统中国文化的因素仍然具有强大的生命力和影响力，在深刻地影响着其中的个体的思想观念和行为特征，如员工在处理与组织的关系时持有感恩的思想、维护家庭的思想，以及在组织中将人际关系作为一个重要因素的观念。

因此，组织一方面需要适应这种文化情境及其对员工产生的深刻持续的影响，构建适应性的组织管理应用建议。特别是在中国文化情境下的组织，应重视感恩思想及其基础之上的关系的影响，为凝聚员工对组织的向心力，增强对组织的归属感和忠诚度，增强员工工作效力，应构建施恩感恩型上下级关系、知遇型领导风格、知遇型素质和职业技能开发策略。具体来说，组织领导应具有识才惜才和平等尊重的思想和行为，避免个人主观好恶的影响，对于具有相应职业素质和技能的人才应因才予职，此外还应从遵从中国文化中体恤和关怀下属的观念，不仅对其职业素质和技能予以赏识，还应在尊重其隐私的前提下，对与其工作相关的个人生活等方面予以适度的问询关怀。显然，过分的关怀会对员工造成一定的压力及被控制感，因此，组织在适应中国文化情境的同时，也应采取现代人力资源管理权变理论的原则，根据具体的对象和情境来设置、制定相关管理策略。

维护家庭是另一个需要重视的中国文化情境影响下的因素，尤其女性员工受到影响最大，在某些情境下成为影响女性工作者去留组织或其工作效率的重要因素。中国第六次全国人口普查所提供的数据显示（见图 7.1），2010 年女性从事职业类别主要集中在商业服务业者（51.7%）、专业技术者（51.1%）和农业、林业、牧业、渔业、水利业生产者（49.2%），总体上从事专业技术的女性（51.1%）超过了男性（48.9%）。因此，在中国文化情境下，维护家庭对于组织是一个影响广泛的重要因素。是否能制定适应于维护家庭的组织管理应用建议，决定着包括女性在内的大多数工作者的去留。具体对于组织来说，应在组织中组建家庭辅助机制和工作平台，设置专职人员对员工家庭基本信息进行动态管理，开展周期性交流活动，及时发现相应问题，从心理、法律等多个维度对员工进行家庭问题的咨询和辅导，协助员工解决家庭问题。作为组织 EAP 服务体系中的组成部分，以上策略已在欧美等跨国公司在中国的分支机构中得到实施。不仅如此，在欧美和我国港台地区，EAP[①] 服务已延伸至裁员心理危机、职业发展、健康生活方式，甚至饮食习惯、减肥等诸多方面（秦素粉，蒋涛，2013）。但正如欧美企业一样，中国企业也面对同样的问题，甚至更多的问题，即企业能否为员工提

---

① EAP（Employee Assistance Program），即员工心理援助项目、全员心理管理技术。它是由企业为员工设置的一套系统的、长期的福利与支持项目。通过专业人员对组织的诊断、建议和对员工及其直系亲属提供专业指导、培训和咨询，旨在帮助解决员工及其家庭成员的各种心理和行为问题，提高员工在企业中的工作绩效。

供更有效的 EAP 服务，员工究竟更认同哪些 EAP 服务。目前来说，中国企业引入 EAP 的理念和策略时间较短，提供的 EAP 服务主要集中在压力管理、情绪管理、时间管理等内容，专注于解决影响工作绩效的行为和心理问题，旨在提高员工的工作效率和业务效率，而对与员工个人心理或生活需求相关的内容并未引起重视并采取有效措施。结合前述研究结果，就中国企业组织所面对的文化情境来说，引入针对维护家庭功能的 EAP 服务机制和平台，对进一步深化和扩展全方位的 EAP 服务是必须要执行的第一步策略。

　　另一方面，组织也需要厘清包括中国文化在内的本土文化情境中存在的消极因素，尽量避免这些因素对组织管理应用建议产生负面影响。许秋红（2011）认为中国的家族企业在管理中存在着费孝通所提出的差序格局现象，是导致"企业信任不足"原因。中国文化情境中的上述不利因素已经成为制约中国企业发展的内在因素。事实上，许多中国企业发展到一定规模，却最终因家庭冲突、管理不善等问题而崩溃。

　　总之，组织在尊重和适应文化情境时也需要根据积极有效的原则来分析文化情境中的消极因素，即便是非消极因素和积极因素也应遵循适度的原则，而非过度地去适应文化情境中的这些非消极因素和积极因素，因此提出组织管理应用建议，如表 6.1 所示。

表 6.1　　　　　　　　　　　　组织管理应用建议

组织管理应用建议	功能	支持
构建施恩感恩型上下级关系 形成知遇型领导风格 知遇型素质和职业技能开发 尊重隐私，关照个人生活 因地制宜制定策略	促进关系 凝聚向心力 增强归属感和忠诚度 增强员工工作效率	李燕萍等（2003）；Chen X P（2004）；蒋亚奇（2005）；袁水镜（2007）
组建家庭辅助机制和工作平台 动态管理员工家庭基本信息 开展周期性交流活动及时发现家庭问题 多维度对员工进行家庭问题的咨询和辅导 完善 EAP 家庭问题援助计划	增强女性员工工作效率 增强员工组织承诺	李燕萍等（2003）；Carla Sacchi（2004）；秦素粉（2013）

续表

组织管理应用建议	功能	支持
分析文化情境中的消极因素 非消极因素和积极因素遵循适度原则 因地因人制宜的制定本土化的管理策略	消减文化消极作用	李燕萍 等（2003）；许秋红（2011）
构建以沙盘游戏为核心技术的外部 EAP	促进员工人格成长	

6.2 情结因素模型、组织承诺因果模型与组织管理应用建议

情结的原始二元结构及建立在其上的社会化四维结构，以及客体关系的机制阐释，是精神分析理论对于个人与组织、个人与他人关系本质规律的体现。事实上，精神分析理论及其应用是不断发展的，其在人类生活和文化发展的各个领域的广泛应用就是有力的证据（郭本禹，2006），发展的动因在于研究者在与个体接触后发现了更多的原始心理数据与解释视角，解释视角的增多只是量上的，在质上来说仍然界定在经典精神分析或分析心理学的理论基点上，这正体现了精神分析或分析心理学的泛文化及泛人类特征。正如 Elena Khripko（2016）所揭示的那样，基于客体关系的精神分析理论的组织环境研究，组织行为的精神分析模型使得我们在个人，团体和企业中的行为反应和潜意识倾向得到确定成为可能，这可以明显增强人力资源管理措施的有效性。因此，精神分析各学派所揭示的关于个人与组织、个人与他人关系的本质规律同样适用于对管理学情境或经济学情境下的个人与组织的关系，对于未来以组织行为学、管理学等视角更为深度的探索员工内部心理世界具有极大理论意义和实践意义。

基于情结因素模型和组织承诺因果模型的新型人性化组织管理应用建议应重视探索员工的潜意识内容及结构，重视员工核心情结及次级情结的客体和动力性特征，探析核心情结与次级情结的关系以及这些关系对于员工的组织行为学、管理学意义，结合员工的生活及工作蓝本进行深度分析，挖掘深

层心理数据及分析心理数据与外部的关系，重视对外部客体——组织的特征分析，从而对员工与组织间的"客体关系"特征即外部关系（员工与组织或员工之间）与内部关系（员工潜意识的情结）的互动性和匹配性进行分析评估，探索关系互动和匹配的积极平衡，制定相应的管理策略。具体来说，主要包括对员工内部与组织相关的意识和潜意识进行深度分析，对员工与组织之间进行客体关系匹配分析、动力分析等，及与此相关的组织承诺等组织行为学变量评估、职位匹配度评估、职业潜质评估等组织管理应用建议。

第7章 结论与展望

本书在对组织承诺的表层和情结影响因素的研究中获得了多方面的研究发现并对其进行了初步的理论研究,获得了新的理论成果,对推进情结与组织行为、人力资源管理的关系研究作出了基础性的理论贡献;另外在前期研究结果的基础上进一步编订了反映中国情境下组织承诺结构和影响因素的组织承诺问卷。但同时,本研究仍存在许多不足和需要改进的问题,有待于在未来的研究中继续深入。

7.1 结 论

本研究回答了最初的研究问题,即组织承诺的影响因素,对其进行了初步的理论概括和研究,获得了一个因果理论模型和一个测量模型。因果理论模型及范畴是既往相关文献中未被提及的,为未来更为深入的研究提供了有价值的问题;另外在测量模型的基础上进一步编订涵盖 10 个结构维度的组织承诺问卷,反映了中国情境下员工组织承诺的结构和影响因素,从量化研究的角度验证了前期研究的结果。从管理实践层面,还依据前期研究构建的模型提出了相应的组织管理应用建议,作出相应的贡献。

7.1.1 情结因素模型

如图 7.1 所示,组织承诺情结因素模型包括母亲、父亲、原生家庭、祖辈、老师、同伴、人生事件情结等7类情结范畴，归属于客体情结、动力情结两个维度。情结因素模型的情结因素可以分为核心情结与次级情结、客体情结与动力情结。本研究发现，前述的母亲、父亲和原生家庭是个体人生中最为重要的客体，由其所形成的情结通常位于潜意识层面，力量在所有情结中也是最强大的，因此称为核心情结。祖辈、老师、同伴、人生事件情结等是核心情结以外的其他情结。另外，按照情结的重点结构特征又可以分为客体情结和动力情结两类，由于母亲、父亲、原生家庭、祖辈、老师、同伴等情结中客体结构特征明显，故称为客体情结；而人生事件情结中动力结构特征明显，故称为动力情结。

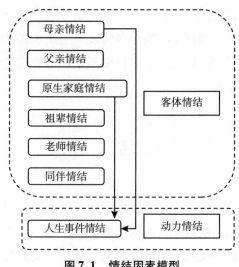

图 7.1　情结因素模型

　　情结因素模型中核心情结对次级情结的影响机制。本研究发现，此模型中的情结之间并非无作用关系，如母亲情结和原生家庭情结对于人生事件情结就具有重要影响。举例来说，被试者 N 母亲情结中的极端—失控型结构是导致离职情结的深层心理因素之一。母亲情结是被试者 N 的核心情结，具有复杂的内容和结构，包括说谎—不安型结构、自由—放纵型结构和极端—失控型结构三个维度。其中自由—放纵型结构对说谎—不安型结构及极端—失控型结构采取放纵的态度，极端—失控型结构在特定情境下又会严重破坏自由—放纵型结构对他人产生的包容性特征，说谎—不安型结构最终也会破坏自由—放纵型结构对他人产生的包容性特征。母亲情结内部结构的动力关系最终决定了被试者 N 的人格核心特征，即固着性的分裂和混乱特征。这种影响机制不仅存在于单个被试者中，其他被试者存在类似现象，即核心情结通过类似影响机制对次级情结产生影响。

总的来说，该模型揭示了影响组织承诺结构的经典情结的类别和组成，其中母亲情结、父亲情结及原生家庭情结是这些经典情结中的核心部分，也是最原始的情结，对于其他情结及组织承诺结构均能产生不同程度的深刻影响，甚至是决定性影响。

7.1.2　组织承诺因果模型

组织承诺结构与情结因素的组织承诺因果模型（以下简称组织承诺因果模型）是组织承诺结构及情结因素机制模型中最为重要的组成部分，也是本研究的主要贡献。组织承诺因果模型揭示了既往组织承诺影响因素研究中未重视的现象及其规律，即员工的潜意识心理因素在相当程度上是影响其组织承诺的决定性因素，也是组织承诺的深层因素。

组织承诺因果模型显示核心情结、次级情结分别与组织承诺结构的关系存在差异，核心情结对组织承诺结构的影响无论是影响广度和强度均起主导作用（见图 7.2）。员工个体的母亲的人格特征、认知观念和行为模式等通过与早年个体的互动关系（客体关系），逐渐内化成为员工内心最重要的情结，即母亲情结。而母亲情结对个体的影响是最为本质和深刻的，因此母亲情结成为个体潜意识因素中的基础因素。所以，由母亲情结构成的核心情结对组织承诺结构的影响强度明显强于其他次级情结的影响，另外，核心情结对组织承诺结构的影响广度也大于次级情结。组织承诺因果模型证实了核心情结和次级情结与组织承诺结构关系的差异：核心情结因素对 82.1% 的组织承诺结构产生了影响，完全决定性影响占 88.2%，部分决定性影响占 80.0%。

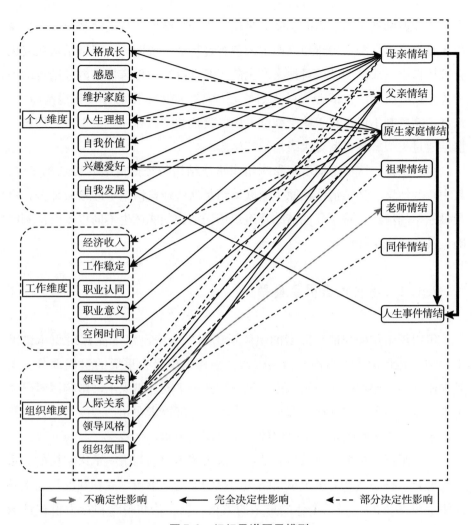

图 7.2　组织承诺因果模型

　　组织承诺因果模型证实了员工在组织行为活动中的潜意识活动对意识活动具有深刻影响，潜意识思维与意识思维之间也呈现出复杂的权衡关系（杨治良，李林，2003）。组织与员工的匹配性原则说明，组织实质就是员工个体潜意识的外化形成的自我体系（Diamond & Allcorn，2003）。如果组织（重要客体）符合员工（主体）的某些积极情结中的既往重要客体特征，那么员工（主体）会对组织产生积极的认知、情绪和行为反应，这里面包括对组织的归属和忠诚；反之，如果组织（重要客体）符合的是员工（主体）的某些消极情结中的既往重要客体特征，那么员工（主体）会对组织产生消极的反应。另一方面，受到情结因素影响较弱或未受到情结因素影响的其他组织承诺结构如职业认同、感恩、经济收入、领导支持等，与员工个体的情结因素之间则会发生较为复杂的互动关系。现代认知心理学的大量研究已经证实，意识和潜意识联合作用导致了人类的任何认知过程。在同一项任务中，意识与潜意识之间会根据条件差异可能导致协同作用或冲突的相互作用。就对心理过程的贡献而言，在意识和潜意识之间存在着权衡（杨治良，李林，2003；郭秀艳，李林，2006）。组织承诺因果模型则进一步证实了在组织行为活动中个体的潜意识对意识的作用。

7.1.3 组织承诺十维结构模型及问卷

在凌文辁等构建的组织承诺问卷及五维组织承诺结构理论基础上，本研究根据前期质性研究结果，进一步提出了中国员工组织承诺的结构是由机会承诺、感情承诺、规范承诺、理想承诺、经济承诺、安全承诺、乡土承诺、成长承诺、人际承诺和面子承诺等 10 个维度所构成（见图 7.3）。进一步采取探索性因素分析和验证性因素分析等方法，通过对十维结构组织承诺预测问卷进行编制、检验，最终确立十维组织承诺正式问卷。

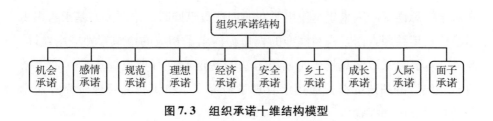

图 7.3　组织承诺十维结构模型

组织承诺十维结构问卷的编制研究可以得出如下结论：

（1）本研究通过探索性因素分析和验证性因素分析，发现并证实了在中国文化情境下，员工组织承诺的结构是由机会承诺、感情承诺、规范承诺、理想承诺、经济承诺、安全承诺、乡土承诺、成长承诺、人际承诺和面子承诺等 10 个维度所构成。

（2）本研究自编的十维结构组织承诺预测问卷具有较好的信度、效度指标：内部一致性 α 系数为 0.88；内容效度：拟合优度 $\chi^2/df = 2.810$，小于 3，表明是在可接受范围内；RMSEA（近似误差均方根）为 0.072，小于 0.08，属于可接受的指数；在正态化的拟合指数方面分别为 NFI = 0.916，IFI = 0.924，均大于 0.90；比较拟合的指数方面，CFI = 0.917，也大于 0.90。

7.1.4　基于组织承诺的组织管理应用建议

根据组织承诺十维结构模型、组织承诺情结因素模型、组织承诺结构与情结因素的组织承诺因果模型共同构成的组织承诺结构及情结因素机制模型，提出了基于组织承诺的组织管理应用建议。

7.2　研　究　贡　献

本研究基于扎根理论的质性研究及量化研究，构建了组织承诺结构模型、情结因素模型及组织承诺因果模型，并对员工组织承诺问卷做了修订。在对组织承诺影响因素研究作出了新的理论贡献同时，本研究又基于组织承诺结构及情结因素因素机制模型的视角，提出了相应的组织管理应用建议。此外，本研究采取将扎根理论研究方法与深层心理数据挖掘技术（沙盘游戏）相结合的新研究范式应用于管理学研究，是组织行为管理研究方法学上的有益尝试和探索。

7.2.1　组织承诺结构研究的贡献

从本研究结果中，探索到既往研究中未触及的新组织承诺结构范畴：感恩、维护家庭、人格成长等。感恩、维护家庭因素均受到具有中国特色社会文化情境的深刻影响，与管理学当今的研究热点——关系具有深刻的内在联系。

维护家庭因素在本研究中的含义是指维护从次生家庭所获得的精神支持（感情支持），而非单纯从经济学角度对家庭的经济支持和维护，是影响女性的组织归属和忠诚的一个重要因素，对于中国文化情境下的女性更具有深刻的现实意义。此外，本研究发现男性维护家庭的比率也达到 33.3%，比例较高。总之，组织行为中对于维护家庭的重视应该是受中国传统文化深刻影响的因素，是具中国特色的本土化现象。

人格成长因素也是既往研究中未触及的一个新因素范畴。在个体与组织的互动历史背景下，个体对于人生智慧的提高、人际关系处理能力的提升需求等角度来看，人格成长的需求并不限于具有早年心理创伤经历的员工，也可能是大多数员工的普遍隐性需求，进而提出了本土文化影响理论。

7.2.2　组织承诺情结因素研究的贡献

既往对组织承诺影响因素研究中未对员工的潜意识因素进行探索，本研究首次对此进行探索，发现了组织承诺的情结因素，并构建了组织承诺情结因素模型，包括母亲、父亲、原生家庭、祖辈、老师、同伴、人生事件情结等 7 个核心范畴和客体情结、动力情结 2 个中心范畴。

通过对情结的动力强度、重点结构特征等特性的比较分析，又将情结因素模型中的情结因素划分为核心情结与次级情结、客体情结与动力情结。发现由母亲情结、父亲情结和原生家庭情结共同构成的核心情结，除了核心情结以外的其他情结则称为次级情结。

分析了核心情结对次级情结的影响机制。发现核心情结的亚结构是直接影响次级情结的因素，而这种影响机制不仅存在于单个被试者中，其他被试者存在类似现象，即核心情结通过类似影响机制对次级情结产生影响。最终提出了情结因素决定理论、核心情结决定理论。

7.2.3　组织承诺与情结因素的关系研究贡献

本研究构建了组织承诺结构与情结因素的组织承诺因果模型（简称组织承诺因果模型），也是本研究对于组织行为学研究的主要贡献。组织承诺因果模型揭示了既往组织承诺影响因素研究中未重视的现象及其规律，即员工的潜意识心理因素在相当程度上是影响其组织承诺的决定性因素，也是组织承诺的深层因素。

组织承诺因果模型显示核心情结和次级情结与组织承诺结构的关系存在差异，核心情结对组织承诺结构的影响无论是影响广度和强度均起主导作用，对组织承诺结构的影响广度也大于次级情结。

组织承诺因果模型证实了员工在组织行为活动中的潜意识思维对意识思维具有深刻影响，但潜意识思维与意识思维之间呈现出复杂的权衡关系。进而提出了组织承诺结构—情结因素权衡理论、组织与（员工）自我的匹配性原则理论及基于基本需要与匹配性的组织承诺预测理论。

7.2.4　文化情境对组织承诺的影响研究贡献

通过沙盘游戏与质性研究相结合，本研究发现文化情境对组织承诺的一种影响机制：即文化情境发生长期而稳定的变化时，会通过对员工个体所生活的微环境——即家庭、学校和工作单位等来影响员工个体的情结的形成，文化情境正是间接通过对员工个体深层心理因素（情结）产生影响，最终影响组织承诺。因此，情结因素应是文化情境与组织承诺之间的中介变量之一。

7.2.5　中国员工组织承诺结构研究的贡献

通过前期质性研究及后期相关问卷的编制，验证了中国员工组织承诺的结构是由机会承诺、感情承诺、规范承诺、理想承诺、经济承诺、安全承诺、乡土承诺、成长承诺、人际承诺和面子承诺等 10 个维度所构成，也证实了凌文辁等早期构建的中国员工五维组织承诺结构模型已随着中国文化情境的变化而发生变化。同时，本研究也发现新增的结构维度受到中国传统文化与世界优秀文化思想的交互影响，员工的对于从业及与组织关系的心理状态随着中国文化情境发生了明显变化。

7.3 研究展望

本书运用扎根理论等质性研究方法，对于中国员工组织承诺的组织承诺结构及核心因素分析获得了一些基于中国本土情境的研究发现，对这些现象的初步研究和理论探讨也取得了一定的理论成果；并在理论成果基础上编制中国员工组织承诺问卷，探索出中国员工组织承诺的十维因子结构，证实了中国文化对员工组织心理的深刻影响。但由于时间、精力与研究能力之限，使得本研究也存在诸多不足与尚待完善、深化之处，有待于未来更加深入的研究。

具体来说，本研究在质性研究阶段的理论性抽样均选取的是广西壮族自治区的员工，根据质性研究理论性抽样的理论饱和原则，难以确定其他非广西地域文化情境下的员工的深层心理数据是否达到饱和，研究结果和结论缺乏足够说服力。以后的研究中应扩大理论抽样的地域范围，充分探析中国情境下的组织承诺结构及影响因素。

在问卷编制研究阶段，由于客观条件限制，抽样范围过窄，仅限于中国广西地区，定量研究的结果和结论是否能推广至中国其他地区，值得商榷。所以，应扩展抽样范围，增加抽样样本量，以及增进分层因素的进一步细化考虑。

最后，鉴于本研究涉及文化因素，在以后的研究中应加大人类学、社会学和心理学等多学科与管理学的跨学科合作，进一步细化分析影响组织承诺的文化因素和心理因素。

附录

附录一 58 项组织承诺预测问卷

您好!

感谢您在百忙之中参与我们的问卷调查。本问卷的各个题目的答案并无对与错之分,您所选择的答案仅供整体统计分析和学术研究之用。本问卷的填写采用不记名方式,您的任何答题情况和个人信息都将严格受到保密,不会泄露给他人,请您根据实际情况认真填写问卷。

题项	完全不同意	很不同意	同意	很同意	完全同意
即使单位的效益差,我也不打算离开					
我认为任何人对自己的单位都应忠诚					
如在单位我可以学有所用,我愿留在单位					
我不想离开单位是因为我怕失去很多福利					
我留在这个单位是因为自己技术水平低,没有跳槽机会					
我对单位有很深的感情					
如在单位我有很多进修机会,我愿留在单位					
我不想离开单位是因为我怕损失太大					
我认为应该对单位全身心投入					
因为没有比现在单位收入更高的单位,所以我不想离开					
我愿对单位作任何贡献					
我认为跳槽是不道德的					

题项	完全不同意	很不同意	同意	很同意	完全同意
如单位工作能面临挑战与困难，我愿留在单位					
如果我已花费了人生大半的精力在这个单位，那离职对我的损失实在太大					
要重新找到合适的工作并不容易					
我愿为单位贡献全部心血					
我对单位负有义务					
即便我想离开这里也因为经济考虑很难离开					
如单位条件有利于我实现理想，我愿留在单位					
我实在找不到别的单位					
我甚至愿意把自己业余的精力都贡献给单位					
我像爱家那样爱自己的单位					
如单位能使我有很多晋升机会，我愿留在单位					
如离开单位会对我的家庭造成损失，我不会离开					
离开这里，另找一个条件好的单位并不容易					
我对单位的领导有感恩之心，所以愿意留在单位					
我与单位签订了合同，应该遵守而不可随意离开					
如单位符合我对工作的理想，我愿意留在单位					
如单位比其他单位有更好的福利，我不会考虑离开					
去大城市发展固然很好，可是我没有机会，只有留在这个单位					
如果单位离自己家远，我会考虑离开					
如单位能使自己逐渐获得人生智慧，愿意留在单位工作					
因顾及家人的面子，而在单位工作					
通过熟人关系去的单位，所以我轻易不会离开					
单位履行了对我的承诺，我不应随意离开					
如单位能使我的工作能力得到提高，我愿意留在单位工作					
如单位比现其他单位有更好的发展，我不会考虑离开					

续表

题项	完全不同意	很不同意	同意	很同意	完全同意
虽然技术水平还可以，但因为年龄比较大，只有留在这个单位					
如果单位离家乡远，我会考虑离开					
如单位能使自己心理得到成长，愿意留在单位工作					
因顾及熟人的面子，而在单位工作					
因为工作稳定，所以留在单位					
如单位能使自己逐渐了解并接受自己，愿意留在单位工作					
如单位能给自己带来面子，愿意留在单位工作					
如单位工作对身体健康造成消极影响，我会考虑离开					
如单位能使自己学习逐渐理解自己所做事情的价值与意义，愿意留在单位工作					
如果在单位工作中具有较大的自主性，愿意留在单位工作					
如单位对夫妻（恋人）关系造成消极影响，我会考虑离开					
如单位能使自己逐渐学习调控自我心理，愿意留在单位工作					
如单位同级同事人际关系对自己产生消极影响，不愿留在单位工作					
如单位对亲子关系造成消极影响，我会考虑离开					
如单位能使自己逐渐学习为人处世，愿意留在单位工作					
如与工作对象的关系对自己产生消极影响，不愿留在单位工作					
如单位离父母家远，我会考虑离开单位					
如单位能使自己逐渐学习适应环境，愿意留在单位工作					
如与领导的关系对自己产生消极影响，不愿留在单位工作					
如果单位在外省，我会考虑离开单位					
我对单位的人际关系很看重，甚至这决定着我是否留在单位继续工作					

附录二　34 项组织承诺预测问卷

您好！

　　感谢您在百忙之中参与我们的问卷调查。本问卷的各个题目的答案并无对与错之分，您所选择的答案仅供整体统计分析和学术研究之用。本问卷的填写采用不记名方式，您的任何答题情况和个人信息都将严格受到保密，不会泄露给他人，请您根据实际情况认真填写问卷。

题项	完全不同意	很不同意	同意	很同意	完全同意
我认为任何人对自己的单位都应忠诚					
我不想离开单位是因为我怕失去很多福利					
我对单位有很深的感情					
我不想离开单位是因为我怕损失太大					
我认为应该对单位全身心投入					
我愿对单位做任何贡献					
如果我已花费了人生大半的精力在这个单位，那离职对我的损失实在太大					
我愿为单位贡献全部心血					
我对单位负有义务					
即便我想离开这里也因为经济考虑很难离开					
如单位条件有利于我实现理想，我愿留在单位					
我实在找不到别的单位					

题项	完全不同意	很不同意	同意	很同意	完全同意
我像爱家那样爱自己的单位					
如单位能使我有很多晋升机会，我愿留在单位					
离开这里，另找一个条件好的单位并不容易					
如单位符合我对工作的理想，我愿意留在单位					
去大城市发展固然很好，可是我没有机会，只有留在这个单位					
如果单位离自己家远，我会考虑离开					
因顾及家人的面子，而在单位工作					
如单位能使我的工作能力得到提高，我愿意留在单位工作					
虽然技术水平还可以，但因为年龄比较大，只有留在这个单位					
因顾及熟人的面子，而在单位工作					
如单位能使自己逐渐了解并接受自己，愿意留在单位工作					
如单位能给自己带来面子，愿意留在单位工作					
如单位工作对身体健康造成消极影响，我会考虑离开					
如单位能使自己学习逐渐理解自己所做事情的价值与意义，愿意留在单位工作					
如单位对夫妻（恋人）关系造成消极影响，我会考虑离开					
如单位能使自己逐渐学习调控自我心理，愿意留在单位工作					
如单位同级同事人际关系对自己产生消极影响，不愿留在单位工作					
如单位对亲子关系造成消极影响，我会考虑离开					
如单位能使自己逐渐学习为人处世，愿意留在单位工作					
如与工作对象的关系对自己产生消极影响，不愿留在单位工作					
如单位离父母家远，我会考虑离开单位					
如与领导的关系对自己产生消极影响，不愿留在单位工作					

附录三　基于沙盘游戏的访谈内容（摘录）

访谈对象 1

访谈对象信息

姓名：农××
性别：女
年龄：38
职业：干部
教育程度：本科

访谈内容（A 是研究者，B 是访谈对象）

A：哦。好。你在这个工作单位里边，你工作感觉怎么样呢？

B：呃……总体来说还是，还是挺好的。虽然也会有一些不尽如人意的地方，但那个不是主要的。

A：例如哪些地方不尽如人意呢？

B：比如说在跟同事的沟通上边，可能有时候就会存在一些问题。

……

B：呃，就是我的下属吧。

A：哦，在这里边有她吗？

B：这里边……没有（音调降低，但肯定的）。

A：哦，不愿意把她呈现出来，还是说，什么原因？

B：呃，（叹气，沉默了一会儿）……其实，我觉得，这里边也是有她的。

A：那谁就是她呢？

……

A：你现在觉得这一位可能是她。

B：嗯。

A：你觉得这所有人对比以后，你觉得哪一个更像是她？

B：这个。

A：你看见什么了吗？为什么突然觉得是她，可能就是她呢？

B：我觉得她对学生还是有蛮多关爱的。

A：嗯，有很多关爱的。但是你在描述她这个特征的时候，说的都是她比较优秀的一面。

B：（沉默了一会儿）呃，（有几个字听不清楚），我觉得我更加愿意去，去……（沉思）更加愿意更多的去发现她闪光的一面吧，因为我希望。

A：发现她闪光的一面。

B：对，因为我希望能够跟她之间的这种沟通会更加顺畅一些。

A：你的这种表现挺好的，但是我们可能更需要的是一种更真实地去面对。

B：嗯。

……

A：那你和她之间的，这个关系怎么样？

B：呃，表面上还可以，但实际上也不怎么样，但最近好像又有改善，反正这种关系，这种关系会发生一些反复吧。然后也相当于是一个自我成长的过程当中，也是一个斗智斗勇的过程（笑着说），很好玩的。

……

A：看起来好像是外在的，是吧？比如说像你这个同事，是外在的，真的是有这样一个人。

B：嗯。

A：但是她既然在你内心里面这样存在着，那么一定是在你内心里面有一些相应的东西，是吧？

B：嗯。

A：相应的一些东西，那到底是什么呢？我觉得这个可能是需要我们去花点时间去探析一下。我们的方法其实很简单，就是让你先放松下来，那现在你先放松下来，然后你跟着我的一些引导的一些话语，去体验，去思考，去联想，然后，把你体验、联想到的东西陈述给我听，然后再通过我们俩一起共同去分享去分析，然后我们就会知道，可能在这样的一个表面现象的后面，比如说，你这个同事，这样一个人物。

B：嗯。

A：这个表面的现象背后，她可能隐藏的是一些什么东西。好吗？我们可以试一试，好吧。

B：嗯，好的（调整坐姿）。

A：比如说你看着她，放松下来看着她，我相信你脑海里边开始产生一些联想，你产生一些联想，你看到她的面部，你觉得，她像谁？

B：（沉默了一会儿，低声说）像我妈。

A：像你妈，是吧？看见了吗？

B：嗯。

A：非常有意思，然后我想你会继续联想，当你妈妈的脸，这种样子呈现出来的时候，那围绕着这个，你妈妈这样一个形象，她会有更多具体的联想就出来了，是吧？你能把你这些联想的东西，能够，告诉我吗？

B：就是我觉得我妈（停顿）……不诚实。

A：不诚实。

B：还有就是实际上内心极度的不安全感和恐惧。

A：非常好。

B：（停顿）……就这些。

A：对你产生什么影响呢？那么你妈妈对你产生什么影响呢？能说说吗？在你成长的过程中，对你个人的性格，处世态度。

B：会，会有影响。

A：你能说点具体的吗？

B：就是有时候我也会呈现这样的一些性格特征，就是有时候也不诚实，但是自己内心又知道这样是不对的。

A：你能举一个具体的事情吗？

B：想一下哈，（停顿）……就是描述一些事情的时候，会比较夸张。

A：嗯，描述事情的时候，夸张？

B：（语调升高）特别是描述一些负面的事情的时候，会，本来就没有那么严重嘛，但是我描述出来，我自己也清楚，是被放大了的。

A：嗯，被你妈妈放大了，是吧？

B：呃，我觉得我妈妈在描述一些事情的时候，她确实是特别是强调一些负面的东西的时候，确实是被她放大了的，而我自己也存在这样的问题。

A：比如对你会产生什么影响呢？

B：会，嗯……会有些负面的东西，实际上，当不去描述的时候，好像它的那种力量并没有那么强大，但是描述出来了，反而那种破坏力就会变得强大，让我的心变得更加脆弱。

A：谁描述出来？如果是你自己描述出来呢？还是说，还是谁描述出来？

B：我自己描述出来的时候啊，就比如说，我觉得
这件事情是负面的，不好的，然后有时候，我会把它描
述出来。

A：描述出来给谁听？

B：给我，给我朋友啊，我遇到一些烦恼我也会找
朋友去聊一聊啊，倾诉一下这样子，然后我描述出来，
本来不描述，好像这件事情已经过去了似的，也没有什
么，一旦描述出来，好像又被我放大了实际上，然后描
述完了，我又觉得，哎，其实不应该这样子。有时候是
这样子的，但是有时候其实描述出来，它是有好处的，
就是通过我的朋友啊，闺密啊，他们就会给我另外的一
些，另外的一些他们的看法，跟我原本认为，认定的一
些看法不一样，那也会给我，也会给我一些转变吧。有
时候描述出来会更好一些，有时候描述出来不见得不
好。就这样子。

A：那实际上对你的影响，你母亲对你的影响是多
个方面的，包括那个性格，还有为人处世，是吗？

B：对。

A：你觉得从你母亲那儿学习到了，或者说获得了
什么样的为人处世的方式呢？

B：我从我母亲那儿，获得的是，包容性很强，而
且总是会设身处地的为别人去考虑，然后，呃……主要
就是这一点，尽可能地去理解别人。

A：你描述的都是积极的一面，我注意到了。

B：但是没有原则，发现这种包容，总是去理解和
体谅别人的过程当中，没有原则，实际上。所以这就造
成了好像别人怎么样都是可以理解的，所以自己所做的
事情怎么样，有多负面的或者怎么样，同样也是可以理

解的。就是这样，所以导致自己做事情啊，有时候就，原则性就不强。

A：好的，非常好。那你现在你回到你这个同事，现在你已经看见了，其实你会，让你联想到你的妈妈，是吧？

B：嗯。

A：你跟你妈妈的关系，我相信，和你同事的关系，在过去来讲的话，会不会也有类似的情况。或者有一些什么样的关系。

B：呃，我跟我妈的关系，在过去是，很紧张的。从我十几岁开始，跟我妈妈的关系就很紧张。

A：怎么个紧张法？

B：经常是，经常是吵架，然后我妈就说不理我了，说不认我这个女儿了之类的。然后我也觉得不认就不认，然后就不跟她说话，她也不跟我说话，然后经常是我爸在中间进行调解（笑，抿嘴）。

B：（声调变高）但是就现在来说，我妈会非常地依赖我。

A：那你喜欢你妈吗？

B：不喜欢，但是我爱她。

A：这个，这表述有点奇怪，能够说得具体一点吗？

B：因为，她是我妈嘛，然后我对她所做的一些事情啊，处理一些问题的方式啊，我并不认可。所以在这些年的成长过程当中，实际上我在不断地调整自己，避免，避免自己是那个样子。

A：我注意到你描述这一点的时候，似乎你的情绪有点不振作。

B：对。

A：是一种什么样的情绪？

B：难过。

A：想到什么了吗？脑海里面，当时出现什么样的情境？

B：……就是，我觉得自己受了很多苦。

A：那跟你妈有什么关系吗？

B：我觉得我妈也在受苦。因为她的一些方式，我也会跟随，所以会导致我受很多苦。

A：她受很多苦，因为她的一些方式，因为你跟随她，你也受很多苦。可以归纳吗？

B：我妈在遇到一些困难和问题的时候，不能平静和积极地去面对和处理，情绪会比较极端，然后会采取一些比较极端的方式去处理。我印象最深的一件事情是，我上小学的时候，她跟另外一个邻居的关系不好，因为我那个邻居，他们都说她是妓女，我妈跟她的关系不好，当时我也不知道她们为什么吵架，然后我妈妈就冲到她家里去骂人家，我觉得这种方式很不好。

A：为什么你会特别地举这样的一个例子呢？

B：因为我觉得我也会用这种方式，觉得自己会占了上风之类的，当时慢慢地会发现这种方式处理问题不行。

A：那我可不可以这样去理解，现在你和你同事的关系和你和你妈妈的关系有些类似的东西，你不得不去面对和处理这种关系。

B：有。

访谈对象 2

访谈对象信息

姓名：赖××

性别：女

年龄：27

职业：销售人员

教育程度：本科

访谈内容（A 是研究者，B 是访谈对象）

A：从你刚才讲，就是呈现讲这一面，你特别聚焦在人际关系，我注意到了。你特别讲的人际关系，有人关爱你，对吧？呵护你，有的人的话，却是小人，在作梗，对吧？你看你描述的都是人际关系，但是这个人际关系至少说明，我觉得浮现在你的意识层面来说，人际关系是对你在这个单位工作，或者说继续不继续工作一个非常重要影响因素，是不是？

B：（抿嘴、点头）

A：那么至少来说，在意识层面，你也看见了，我们都看见了，但是这些人际关系后面的深层因素是什么呢？我们能不能试图去探索一下？特别是来自我们内心的一些东西，对吧？

B：嗯。

A：所以说，我们今天可以，就我们来探索一下，好吗？

B：（点头）

A：我们先说那个老奶奶，好吗？

B：嗯。

A：我觉得先说老奶奶能会给你一些支持。这个老奶奶的话，你看着她像谁呀？

B：很多人。

……

A：那么是你的同事，是吧？

B：对。

A：对，OK，我能感受到你的情绪。那么这个老奶奶的话，你再认真看一下，把自己放松下来，展开自己的联想，打开自己潜意识的门，看看，可以往前回溯，回溯到你更早的，更早的人生阶段，甚至你的童年，等等，童年、少年时期，你觉得看她，她像谁呀？

B：像我一个好朋友。

A：嗯，你看见了，是吧？

B：（点头）

A：大概是你多大年龄的时候的好朋友。

B：一二年级。

A：小学一二年级，是吧？

B：对。三年级的时候，就不在了。

……

A：这个好朋友，你还记得她的名字吗？

B：记得。

A：方便说出来吗？

B：周海燕。（脸上第一次有了笑容）

……

A：能讲讲她吗？她和你，你和她在一起的一些事。举一个例子讲讲就行了，她给你产生了什么样的影响，好吗？

B：（露出开心的笑容）我记得，一直记得很清楚，其实是一件小事。

A：嗯。

B：（表情又开始沉重起来）就是那时候，小时候，我很……很内向。

A：嗯。

B：然后她经常带着我一起玩。

A：嗯。

B：然后，我有时候，我其实有时候，就挺，怎么说，我在别人面前装很乖，但其实我心里面是有想法的，比如说，我想要这个，不想要那个，我其实心里面是很清晰的，但是我基本上不表达出来。

A：嗯。

B：你给我什么，我就要什么。但是她的话呢，我就是很放松，那时候，想到什么呢，就是比如说一支铅笔，她有两支铅笔，一根长一根短，她写字很好看。

A：嗯。

B：我用的那支长的铅笔，看她用的那支短的，反正她写字，呃，那姿势啊，什么的，让我觉得好，羡慕，我觉得，诶，这样，会不会是因为短的铅笔写字好看呢，我就要求跟她换。

A：嗯。

B：毫不犹豫地给我，给了我之后我又发现她拿长铅笔又特别好看，（又露出开心的笑容）然后我又，换回来。就，她从来不会嫌弃我说，去做这种，我觉得挺自私的这种，这种小把戏。

A：嗯。

B：因为我知道，从别人手里面硬要东西是不好的，但是我问她要，或者跟她换或者怎么样呢，她从来没有，没有说嫌弃我或者怎么样。

A：嗯。

B：她都很爽快，诶，你喜欢，那我就给你啊，那我就跟你换啊，就这种，她对我一直都是这样子。

A：嗯，那我想问一下啊，你在讲这个事情之前的话，讲这个事情的时候，实际上已经表现出，你已经开始在她的面前，你已经可以在她的面前去表达一些，真实的一些需求和想法，对吧？

B：对。

A：那么在这之前，一定是发生，一定你和她之间会有更长的一段时间，你才能发现她，可以容纳你，或者容忍你，能够理解你，可以这样去表达内心的真实想法，是吧？

B：（点头）

A：有多长时间？你发现她可以去，让你去，好像说，你表达内心的一些自私的想法，也不会，说让她会对你，有不好的感觉。

B：呃，不长，其实。

A：哦。

B：因为她给我一种感觉，她永远不会嫌弃我什么，她对我的态度，会让我感觉。

附录四 "我与我的单位"限制性主题沙盘作品（部分）

访谈对象1

访谈对象信息

姓名：农××

性别：女

职业：干部

教育程度：本科

沙盘作品

访谈对象 2

访谈对象信息　　　　　　　　　沙盘作品

姓名：赖××

性别：女

职业：销售人员

教育程度：本科

访谈对象 3

访谈对象信息　　　　　　　　　沙盘作品

姓名：黄××

性别：女

职业：教师

教育程度：本科

访谈对象 4

访谈对象信息　　　　　　　　　　　　沙盘作品

姓名：杜××

性别：男

职业：教练

教育程度：大专

访谈对象 5

访谈对象信息　　　　　　　　　　　　沙盘作品

姓名：陈××

性别：女

职业：教师

教育程度：大专

访谈对象6

访谈对象信息

姓名：陈×

性别：男

职业：教练

教育程度：大学

沙盘作品

访谈对象7

访谈对象信息

姓名：周×

性别：男

职业：检察官

教育程度：大学

沙盘作品

访谈对象 8

访谈对象信息 沙盘作品

姓名：张 ×

性别：男

职业：教师

教育程度：大学

主要参考文献

［1］保罗·利科（Paul Ricoeur）.（2017）.弗洛伊德与哲学–论解释（汪堂家等译）.杭州：浙江大学出版社.（原著出版年：1962）26（2），128–136.

［2］蔡成后，刘姿君（2010）.荣格积极想象技术与沙盘游戏疗法.教育导刊，9，58.

［3］曹溪禄（2016）.员工帮助计划的本土化探索与实践.山东社会科学，4.157.

［4］曹元坤，李志成，徐红丹（2014）.国外人性化管理研究的新进展.中国人力资源开发，21，51–51.

［5］查尔斯·布伦纳（Charles Brenner）.（2000a）.精神分析入门（杨华渝等译）.北京：北京出版社.（原著出版年：1972）

［6］查尔斯·布伦纳（Charles Brenner）.（2000b）.精神分析入门（杨华渝等译）.北京：北京出版社.（原著出版年：1972）

［7］查尔斯·布伦纳（Charles Brenner）.（2000c）.精神分析入门（杨华渝等译）.北京：北京出版社.（原著出版年：1972）

［8］陈浩（2011）.心理所有权如何影响员工组织公民行为——组织认同与组织承诺作用的比较.商业经济与管理，1（7），26.

［9］陈红，肖丰，李文瑶等（2010）.广东民办高职院校教师队伍稳定性的现状调查与对策研究.广东轻工职业技术学院学报，9（4），53.

［10］陈顺森（2013）.箱庭疗法：摆出心世界.河北：河北大学出版社.

［11］陈向明（2000a）.质的研究方法与社会科学研究.北京：教育科学出版社.

［12］陈向明（2000b）．质的研究方法与社会科学研究．北京：教育科学出版社．

［13］陈向明（2000c）．质研究方法与社会科学研究．北京：教育科学出版社．

［14］陈向明（2000d）．质的研究方法与社会科学研究．北京：教育科学出版社．

［15］陈晓萍，徐淑英，樊景立（2012）．组织与管理研究的实证方法（二版）．北京：北京大学出版社．

［16］陈永霞，贾良定，李超平等（2006）．变革型领导、心理授权与员工的组织承诺：中国情景下的实证研究．管理世界，1，101．

［17］陈振宇（2013）．箱庭疗法与禅．法音，6，27 - 28．

［18］陈振宇（2014）．藏传佛教哲学观与容格箱庭疗法的比较研究．中华文化论坛，5，42 - 43．

［19］程华，章小雷，吴梅荣（2011）．基于扎根理论方法编制儿童初始沙盘主题特征编码表．广东医学院学报，29（5），494．

［20］德（Alex Holder）.（2004b）．病人与精神分析师（施琪嘉等译）．上海：上海科学技术出版社．（原著出版年：1992）

［21］邓康乐（2011）．移情与道德行为关系的研究综述．淮北职业技术学院学报，10（6），2．

［22］樊耘，阎亮，马贵梅（2013）．权力需要、组织承诺与角色外行为的关系研究—基于组织文化的调节效应．科学学与科学技术管理，34（1），135．

［23］范红霞，申荷永，李北容（2008）．荣格分析心理学中情结的结构、功能及意义．中国心理卫生杂志，22（4），310．

［24］冯冬冬，陆昌勤，萧爱铃（2008）．工作不安全感与幸福感、绩效的关系：自我效能感的作用．心理学报，40（4），448．

［25］弗洛伊德（Freud）.（1986）．梦的解析（赖其万等译）．北京：中国民间文艺出版社．（原著出版年：1900）

［26］弗洛伊德（Freud）.（1998）．弗洛伊德文集（车文博等译）．长春：

吉林出版社.（原著出版年：1964）

[27] 福山（Fukuyama. F.）.（2001）. 信任——社会道德与繁荣的创造（彭志华译）. 海口：海南出版社.（原著出版年：1998）

[28] 高丽，王世军，潘煜（2014）. 培训迁移：影响因素及其与组织承诺的关系研究. 管理评论.

[29] 郭本禹（2006）. 精神分析运动的发展逻辑. 南京师大学报（社会科学版），5，81.

[30] 郭本禹，徐萍萍（2006）. 从自我客体关系看人格结构——费尔贝恩的内心结构理论述评. 南京晓庄学院学报，3，46.

[31] 郭秀艳，李林（2006）. 意识和无意识的关系——实证的视角. 心理学探新，26（97），7.

[32] 郭玉霞著（2009）. 质性研究资料分析 NVivo 8 活用宝典. 中国台北：高等教育文化事业有限公司.

[33] 何龙山.（2006）. 组织咨询的方法探究（未出版之硕士论文）. 山东大学，烟台.

[34] 贺妍（2012）. 大学生返乡就业的可行性分析. 中国成人教育，20，55.

[35] 胡恩华（2012）. 中国情景下劳资关系氛围与双组织承诺关系研究. 经济管理，2，67.

[36] 胡三嫚（2007）. 工作不安全感的研究现状与展望. 心理科学进展，15（6），939.

[37] 胡三嫚（2012）. 企业员工工作不安全感与组织承诺的关系研究——以心理契约破坏感为中介变量. 经济管理，34（8），105 – 111.

[38] 胡卫鹏，时勘（2004）. 组织承诺研究的进展与展望. 心理科学进展，12（1），103 – 110.

[39] 黄敬宝（2012）. 大学生就业动态变化的调查. 经济纵横，9，86.

[40] 吉尔·萨夫（Jill S. Scharff），大卫·萨夫（David E. Scharff）（2009）. 客体关系入门（邬晓艳等译）. 北京：世界图书出版公司北京公司.（原著出版年：1992）

［41］纪华，陈丽莉，赵希男（2013）．组织支持感、组织承诺与知识型员工敬业度的关系研究．科学学与科学技术管理，34（1），147.

［42］蒋亚奇（2005）．中国文化情境下的饭店业竞争战略研究（未出版之硕士论文）．苏州：苏州大学．

［43］卡什丹（Cashdan）（2006）．客体关系心理治疗：理论、实务与案例（鲁小华等译）．北京：中国水利水电出版社．（原著出版年：1988）

［44］孔芳，赵西萍（2011）．员工心理资本与对组织承诺传导机制的实证研究．软科学，25（8），97.

［45］乐国安，尹虹艳，王晓庄（2006）．组织承诺研究综述．应用心理学，12（1），84.

［46］李海艳（2016）．绩效评化公平感、组织承诺与员工敬业度的关系研究（未出版之硕士论文）．合肥：安徽大学．

［47］李江雪（2008）．一例边缘型人格障碍的长程沙盘心理分析治疗．中国心理卫生杂志，22（8），594.

［48］李敬，钟晓菁（2009）．中层管理者工作倦怠与组织承诺关系研究．科技管理研究，202（12），464.

［49］李雪松（2012）．组织政治知觉对高职教师组织公民行为的影响——基于工作不安全感的效应分析．职教通讯，31，55.

［50］李燕萍，翁艳娟（2003）．华人企业文化及人力资源管理变革．中国软科学，4，154.

［51］李永鑫，杨文君，申继亮（2011）．教师组织认同、工作满意度与情感承诺的关系．心理与行为研究，9（3），185–189.

［52］李志强（2011）．人性化管理问题研究．中国流通经济，11，65–66.

［53］林建（2010）．论亲子关系在儿童人格成长中的重要作用．黑河学刊，7，146.

［54］凌玲，卿涛（2013）．培训能提升员工组织承诺吗——可雇佣性和期望符合度的影响．南开管理评论，16（3），131.

［55］凌文辁，张治灿，方俐洛（2000）．中国职工组织承诺的结构模

型研究. 管理科学学报, 3 (2), 80.

[56] 凌文辁, 张治灿, 方俐洛 (2001). 影响组织承诺的因素探讨. 心理学报, 33 (3), 259 –263.

[57] 刘磊 (2006). 我国商业银行员工组织承诺研究 (未出版之硕士论文). 山东大学, 烟台.

[58] 刘林青, 梅诗晔 (2016). 管理学中的关系研究: 基于 SSCI 数据库的文献综述. 管理学报, 13 (4), 613.

[59] 刘小平 (2000). 组织承诺及其形成机制研究 (未出版之博士论文). 浙江大学, 杭州.

[60] 刘小平 (2005). 组织承诺综合形成模型的验证研究. 科研管理, 26 (1), 88 –90.

[61] 刘小平 (2011). 员工组织承诺的形成过程: 内部机制和外部影响——基于社会交换理论的实证研究. 管理世界, 11, 92 –93.

[62] 刘小平, 王重鸣 (2001). 组织承诺及其形成过程研究. 南开管理评论, 6, 59.

[63] 卢纪华, 陈丽莉, 赵希男 (2013). 组织支持感、组织承诺与知识型员工敬业度的关系研究. 科学学与科学技术管理, 34 (1), 151 –152.

[64] 鲁汉玲 (2005). 教师组织承诺研究综述. 教育探索, 1, 53.

[65] 罗杰, 周瑗, 陈维等 (2014). 教师职业认同与情感承诺的关系: 工作满意度的中介作用. 心理发展与教育, 3, 322.

[66] 马飞, 孔凡晶, 孙红立 (2010). 组织承诺理论研究述评. 情报科学, 28 (11), 1743.

[67] 马骏, 叶娟丽 (2001). 精神分析与公共行政: 从弗洛伊德到戴蒙德. 武汉大学学报 (社会科学版), 54 (1), 93.

[68] 马凌, 王瑜 (2012). 组织承诺文献研究综述及其趋势展望. 商业时代, 22: 78.

[69] 马庆国, 王小毅 (2006). 认知神经科学、神经经济学与神经管理学. 管理世界, 10, 142.

[70] 迈尔斯 (Matthew B. Mile)、休伯曼 (A. Miehael Huberman).

(2015a). 质性资料的分析：方法与实践（二版）（张芬芬译）. 重庆：重庆大学出版社.（原著出版年：1984）

［71］迈尔斯（Matthew B. Mile）、休伯曼（A. Miehael Huberman）.(2015b). 质性资料的分析：方法与实践（二版）（张芬芬译）. 重庆：重庆大学出版社.（原著出版年：1984）

［72］乔纳森·H. 特纳（Jonathan H. Turner）.(2001). 社会学理论的结构（六版）（邱泽奇等译）. 北京：华夏出版社.（原著出版年：1974）

［73］秦素粉，蒋涛（2013）. 国内企业 EAP 的研究、实践与展望. 赤峰学院学报（自然科学版），29（12），147.

［74］荣格（Jung）.(1997). 荣格文集（冯川译）. 北京：改革出版社.（原著出版年：1968）

［75］商磊（2011）. 论精神分析学人性思考对管理心理学的贡献. 中国政法大学学报，4（18），65 –66.

［76］申荷永（2004a）. 荣格与分析心理学. 广州：广东高等教育出版社.

［77］申荷永（2004b）. 荣格与分析心理学. 广州：广东高等教育出版社.

［78］申荷永，高岚（2004）. 沙盘游戏理论与实践. 广州：广东高等教育出版社.

［79］施佳华（2007）. 医院员工工作价值观与组织承诺关系的实证研究. 中国医院管理，27（4），36 –39.

［80］斯蒂芬 P. 罗宾斯（Stephen P. Robbins）、蒂莫西·A. 贾奇（Timothy A. Judge）.(2008a). 组织行为学（李原等译）. 北京：中国人民大学出版社.（原著出版年：2005）

［81］斯蒂芬 P. 罗宾斯（Stephen P. Robbins）、蒂莫西·A. 贾奇（Timothy A. Judge）.(2008b). 组织行为学（李原等译）. 北京：中国人民大学出版社.（原著出版年：2005）

［82］宋爱红，蔡永红（2005）. 教师组织承诺影响因素的研究. 统计研究，22（5），41.

［83］苏娟娟（2010）．团体沙游技术对大学生人格成长的效能剖析．青岛职业技术学院学报，23（1）：34.

［84］苏年清（2004）．市场转型期我国职业经理人能力特征实证研究．财经问题研究，10，78－82.

［85］孙冬梅（2009）．国内外员工帮助计划的研究综述．北京建筑工程学院学报，25（3），55－59.

［86］孙涛，樊立华，于玺文等（2011）．卫生监督员角色压力与工作倦怠、组织承诺关系．中国公共卫生，27（11），1483.

［87］谭晟，凌文辁，方俐洛（2002）．中国员工组织承诺五因素结构模型的验证．广州大学学报（自然科学版），1（6），96.

［88］陶志琼（2004）．关于感恩教育的几个问题的探讨．教育科学，20（4），9－12.

［89］王道荣（2010）．人格成长：高职生可持续发展的源动力．职教论坛，21，73.

［90］王国芳（2000）．克莱因的对象关系理论研究（未出版之博士论文）．南京：南京师范大学.

［91］王国芳（2012）．精神分析客体关系理论的进展路径．南京师大学报（社会科学版），1，115－116.

［92］王璐，高鹏（2010）．扎根理论及其在管理学研究中的应用问题探讨．外国经济与管理，32（12），16.

［93］王鹏，乔一杨（2011）．我国EAP实证研究成果及本土化研究综述．现代商业，6，98－99.

［94］王萍，黄钢（2007）．沙盘游戏应用于临床心理评估的研究进展．中国健康心理学杂志，15（9），862－864.

［95］翁清雄，陈国清（2009）．组织承诺的理论溯源与最新研究进展．科学学与科学技术管理，30（11），28.

［96］翁清雄，席酉民（2011a）．动态职业环境下职业成长与组织承诺的关系．管理科学学报，14（3），51.

［97］翁清雄，席酉民（2011b）．动态职业环境下职业成长与组织承诺

的关系．管理科学学报，14（3），52.

[98] 翁清雄，席酉民（2011c）．动态职业环境下职业成长与组织承诺的关系．管理科学学报，14（3），48.

[99] 沃特斯（Wasters. W）.（2000）．现代社会学理论（杨善华等译）．北京：华夏出版社.（原著出版年：1998）

[100] 吴春波，曹仰锋，周长辉（2009）．企业发展过程中的领导风格演变：案例研究．管理世界，2，123－137.

[101] 吴明隆（2003）.SPSS 统计应用实务．北京：科学出版社.

[102] 吴明隆（2010）．问卷统计分析实务—SPSS 操作与应用．重庆：重庆大学出版社.

[103] 吴能全，黄河，钟耀丹（2006）．个人组织价值观匹配对组织承诺的影响—不同所有制企业的差异．商业经济与管理，182（12），23－26.

[104] 吴樱菁，高淑贞（2010）．沙游治疗与其相关研究之分析．教育心理学报，42（2），277－296.

[105] 肖格格（2013）．精神分析视角的管理咨询研究．科技进步与对策，30（9），24.

[106] 谢尔登·卡什丹，鲁小华等译（2006）．客体关系心理治疗：理论、实务与案例．北京：中国水利水电出版社.

[107] 徐彬（2006）．"精神分析"学说与方法及其在官僚组织研究中适用问题．中共福建省委党校学报，311（11），45.

[108] 许秋红（2011）．信任与家族企业的可持续成长．中国人口·资源与环境，21（4），158.

[109] 亚当·菲利浦（Adam Philip）.（1999）．威利柯特（龙卷风译）.北京：昆仑出版社.（原著出版年：1988）

[110] 亚当·斯密（Adam Smith）.（1994）．国民财富的性质和原因的研究上卷（郭大力等译）．北京：商务印书馆.（原著出版年：1776）

[111] 闫威，陈燕（2009）．管理自我效能感与管理绩效和组织承诺关系的实证研究．管理评论，21（8），48.

[112] 杨光（2014）．护校生职业兴趣、自我价值感和专业承诺的关系

的研究（未出版之硕士论文）. 石家庄：河北师范大学.

[113] 杨慧军，杨建君（2016）. 领导风格、组织承诺与技术创新模式的关系研究. 科学学与科学技术管理，37（1），153.

[114] 杨韶刚（2002）. 精神追求—神秘的荣格. 哈尔滨：黑龙江人民出版社.

[115] 杨正宇，李宝仙（2004）. 层次复合式知识诱发策略研究综述. 人类工效学，10（4），66 - 68.

[116] 杨治良，李林（2003）. 意识和无意识权衡现象的四个特征. 心理科学，26（6），962 - 966.

[117] 尹力（2002）. 精神分析与佛学的比较研究（未出版之博士论文）. 成都：四川大学.

[118] 尹立（2002）. 意识、个体无意识与集体无意识—分析心理学心灵结构简述. 社会科学研究，2，62 - 64.

[119] 袁水镜（2007）. 文化情境与管理模式. 西安财经学院学报，20（6），82.

[120] 约瑟夫·桑德勒（Joseph Sandler）、克里斯朵夫·戴尔（Christopher Dare）、阿莱克斯·霍尔德（Alex Holder）.（2004a）. 病人与精神分析师（施琪嘉等译）. 上海：上海科学技术出版社.（原著出版年：1992）

[121] 张勉，李海（2007）. 组织承诺的结构、形成和影响研究评述. 科学学与科学技术管理，28（5），124.

[122] 张明珠（2006）. 组织承诺的影响因素及其结果变量. 福建论坛（人文社会科学版）专刊，3，122 - 123.

[123] 张巧利，张红芳（2011）. 组织承诺的模型研究. 人力资源管理，7，223 - 224.

[124] 张庆熊（2010）. 社会科学的哲学：实证主义、诠释学和维特根斯坦的转型. 上海：复旦大学出版社.

[125] 张日昇（2005a）. 箱庭疗法. 北京：人民教育出版社.

[126] 张日昇（2005b）. 箱庭疗法. 北京：人民教育出版社.

[127] 张天宏，肖泽萍，王兰兰等（2009）. 心理咨询门诊来访客人格障

碍倾向的分布特点．中国心理卫生杂志，23（11），767.

［128］张伟东，吴华（2013）．事业编制对民办高校教师组织承诺、工作投入的影响．浙江大学学报（人文社会科学版），43（3），200.

［129］张玮，刘延平，和龙（2015）．国内组织承诺影响因素实证研究综述．生产力研究，3，158.

［130］张旭，樊耘，黄敏萍等（2013）．基于心理联系视角的互联网时代背景下组织承诺发展探索．管理学报，12（9），1294－1301.

［131］张旭，樊耘，黄敏萍等（2013）．基于自我决定理论的组织承诺形成机制模型构建：以自主需求成为主导需求为背景．南开管理评论，16（6），61.

［132］张艳军（2007）．比较霍曼斯和布劳的社会交换理论．商业文化月刊，12，199.

［133］张治灿，方俐洛，凌文辁（2001）．中国职工组织承诺的结构模型检验．心理科学，2，148－150.

［134］赵书霞，刘立国（2009）．荣格的情结理论及其对情结概念使用的修正．河北理工大学学报（社会科学版），9（1），18.

［135］赵曙明（2011）．人力资源管理理论研究新进展评析与未来展望．外国经济与管理，33（1），1－2.

［136］郑少卿，龚佳滢，石蕊（2014）．组织支持感的研究发展综述．经营者，7，37.

［137］仲理峰（2007）．心理资本对员工的工作绩效、组织承诺及组织公民行为的影响．心理学报，39（2），329.

［138］周凌，张绍杰（2015）．国外面子研究的最新动态．外国语，38（3），76.

［139］周志娟，金国婷（2009）．社会交换理论综述．中国商界，1，281.

［140］Abdul Raffie Naik.（2015）.The Relationship between Personality Factors and Organizational Commitment among University Employees. *The International Journal of Indian Psychology*，2，175－179.

［141］ Acevedo A, MeLe D. (2012). The farms as a "community of persons": A pillar of humanistic business ethos. *Journal of Business Ethics*, 106, 89 – 106.

［142］ Ali Abbaas Albdour & Ikhlas I. Altarawneh. (2014). Employee Engagement and Organizational Commitment: Evidence from Jordan. *International Journal of Business*, 19, 203 – 208.

［143］ Allen, N. J. & Meyer, J. P. (1990). The measurement and antecedents of affective, continuance, and normative commitment to the organization. *Journal of Occupational Psychology*, 63, 1 – 18.

［144］ Allen, N. J. & Meyer, J. P. (1996). Affective, continuance, and normative commitment to the organization. *Journal of Vocational Behavior*, 49, 252 – 276.

［145］ Anderson, D. & White, J. (2003). Organizational psychoanalysis in public administration. *American Review of Public Administration*, 33, 189 – 208.

［146］ Angle, H. L. & Perry, J. L. (1981). An empirical assessment of organizational commitment and organizational effectiveness. *Administrative Science Quarterly*, 27, 1 – 14.

［147］ Baldwin, John D. & Baldwin, Janice I. (1986). Behavior Principles in Everyday Life. 2*nd ed. Englewood Cliffs*, N. J. : Prentice – Hall.

［148］ Barnch, Y. (1998). The Rise and Fall of Organizational Commitment. *Human System's Management*, 17, 135 – 143.

［149］ Barrick, M. R. & Mount, M. K. (2005). Yes, personality matters: Moving on to more important matters. *Human Performance*, 18, 359 – 372.

［150］ Bazeley P. (2007). *Qualitative data analysis with NVivo*. Sage Publications Limited.

［151］ Beatrice Donald. (2014). Understanding Sandplay Therapy from a Contemporary Philosophical Perspective: Between East and West (Unpublished doctoral dissertation). Simon Fraser University, Vancouver City.

［152］ Becker H S. (1960). Notes on the Concept of Commitment. *American*

Journal of Sociology, 66, 32 – 42.

[153] Bentein, K. , Vandenberg, R. J. , Vandenberghe, C. & Stinglhamber, F. (2005). The role of change in the relationship between commitment and turnover: A latent growth modeling approach. *Journal of Applied Psychology*, 90, 468 – 482.

[154] Berg, D. (1988). *Anxiety in the research relationships. In D. Berg & K. Smith (Eds.).* Newbury Park: Sage.

[155] Blau G J, Memlnan K, Tatuzn D, Rudmann S V. (2001). Anteeedents of organizational commitment and the mediationg role of job satisfaction. *Journal of Managerial Psycholog*, 16, 594 – 613.

[156] Blau, Peter. (1964). *Exchange and Power in Social Life.* New York: Wiley.

[157] Bond (Eds.) (Handbook of Chinese Organizational Behavior: Integrating theory, research and practice). Cheltenham: Edward – Elgar.

[158] Brent W. Roberts, Daniel Mroczek. (2008). Personality Trait Change in Adulthood. *Curr Dir Psychol Sci*, 17, 31 – 35.

[159] Bushell, Don, and Burgess, Robert. (1969). *"Some Basic Principles of Behavior." In R. Burgess and D. Bushell (eds.), Behavioral Sociology.* New York: Columbia University Press.

[160] Buchanan, B. (1974). Building organizational commitment: The socialization of managers in work organizations. *Administrative Science Quarterly*, 19, 533 – 546.

[161] Carla Sacchi (2004). Interpersonal Trust in different ages. Interdisciplinary, *Numero Especial*, 87 – 107.

[162] Carr, A. & Zanetti, L. (1999). Metatheorising the dialectics of self and other: The psychodynamics in work organizations. *American Behavioral Scientist*, 43, 324 – 345.

[163] Chen X P, Chen C C. (2004). On the Intricacies of the Chinese Guanxi: A Process Model Of Guanxi Development. *Asia Pacific Journal of Mana-*

gement, 21, 305 – 320.

[164] Cohen, A. (2003). *Multiple commitments in the workplace: An integrative approach.* Mahwah, NJ: Erlbaum.

[165] Colquitt, J. A. & Zapata – Phelan, C. P. (2007). Trends in theory building and theory testing: A five-decade study of the Academy of Management Journal. *Academy of Management Journal*, 50, 1281 – 1303.

[166] Cook, Karen S. , O'Brien, Jodi, and Kollock, Peter. (1990). *Exchange Theory: A Blueprint for Structure and Process.* (Frontiers of Social Theory: The New Syntheses). New York: Columbia University Press.

[167] Cook, Karen S. , and Whitmeyer, J. M. (2000). *Richard M. Emerson.* (The Blackwell Companion to Major Social Theorists). Malden, Mass: Blackwell.

[168] Cook, K. S. , Yamagishi, T. , Cheshire, C. , Cooper, R. , Matsuda, M. & Mashima, R. (2005). Trust Building via Risk Taking: A Cross – Societal Experiment. *Social Psychology Quarterly*, 68, 121 – 142.

[169] Cooper – Hakim, A. & Viswesvaran, C. (2005). *The Construct of Work Commitment: Testing an Integrative Framework. Psychological Bulletin*, 131, 241 – 259.

[170] Cropanzano R, Mitchell MS. (2005). Social exchange theory: An interdisciplinary review. *Journal of Management*, 31, 874 – 900.

[171] Cynthia Ward Hackney (2012). *Personality, Organizational Commitment, and Job Search Behavior: A Field Study* (Unpublished doctoral dissertation). University of Tennessee, Knoxville.

[172] Czander, W. (1993). *The psychodynamics of work and organizations.* New York: Guilford.

[173] Dale M A, Wagner W G. (2003). Sandplay: An investigation into a child's meaning system via the self confrontation method forchildren. *Journal of Constructivist Psychology*, 16, 17 – 36.

[174] Dan P. McAdams, Bradley D. Olson. (2010). Personality develop-

ment：Continuity and change over the life course. *Annual Review of Psychology*, 61, 517 – 542.

[175] Danielle Margaret Forsyth. (2011). *The Structure and Organization of Conversation in Sandplay Therapy* (Unpublished doctoral dissertation). University of Johnnesburg.

[176] Davis – Blake, A. & Pfeffer, J. (1989). Just a mirage：The search for dispositional effects in organizational research. *Academy of Management Review*, 14, 385 – 400.

[177] Diamond. M. A. & Allcorn, S. (2003). The Cornerstone of Psychoanalytic Organizational Analysis：Psychological reality, transference and counter-transference in the work-place. *Human Relations*, 56, 491 – 514.

[178] Diamond. V I. Allcorn S. & Howard Stein. (2004). The surface of organizational boundaries：a view from psychoanalytic object relations theory. *Human Relations*, 57, 31 – 53.

[179] D Normala. (2010). Investigating the Relationship between Quality of Work Life and Organizational Commitment among Employees in Malaysian Firms. *International Journal of Business & Management*, 5, 112.

[180] Elena Khripko. (2016). The Psychoanalytic Interpretation of the Organizational Environment as a Management Tool for Sustainable Development. *EDP Sciences*, 1.

[181] Emerson, Richard M. (1981). Social Exchange Theory. *In M. Rosenberg and R. H. Turner* (eds.). (Social Psychology：Sociological Perspectives). New York：Basic Books.

[182] Ethels. Person, Arnold M. cooper & Gleno. Gabbard (2005). *Textbook of Psychoanalysis*. Washington, DC：American Psychiatric Publishing, Inc.

[183] Flick U. (2002). *An introduction to qualitative research.* (2nded.). London：Sage Publications.

[184] Freud S. (1959). *In Standard Edition of the Complete Psychological Works of Sigmund Freud*, Vol. 20 (J. Strachey, trans.). London, Hogarth Press.

(Original work published 1925).

［185］Friedman. Debra, Hechter. Michael (1988). The Contribution of Rational Choice heory to Macrosociological Research. *Sociological Theory*, 10, 201 – 218.

［186］Furnham, A., Petrides, K V., Tsaousis, I., Pappas, K., Garrod, D. (2005). A cross-cultural investigation into the relationships between personality traits and work values. *The Journal of Psychology*, 1, 5 – 28.

［187］Gabriel, Y. (Ed.). (1999). *Organizations in depth: The psychoanalysis of organizations.* London: SAGE.

［188］Gabriel, Y. & Carr, A. (2002). Organizations, management and psychoanalysis: An overview. *Journal of Managerial Psychology*, 17, 348 – 365.

［189］George Ritzer. (2010). *Sociological theory.* New York: The McGraw – Hill Companies, Inc.

［190］Gilles Arnaud. (2012). The Contribution of Psychoanalysis to Organization Studies and Management. *An Overview. Organization Studies*, 33, 1121 – 1135.

［191］Glaser, B. G. (1978). *Theoretical Sensitivity: Advances in the Methodology of Grounded Theory.* Mill Valley, CA: Sociology Press.

［192］Glaser, B., Strauss, A. (1967). *The Discovery of Grounded Theory.* Aldine Publishing Company, Hawthorne, NY.

［193］Glaser, B G. & Stauss, A. L. (1967). *The Discovery of grounded theory: Strategies for qualitative research.* Chicago: Aldine.

［194］Gould, L. (1991). *Using psychoanalytic frameworks for organizational analysis.* San Francisco: Jossey – Bass.

［195］Greenberg, J. & Baron, A. B. (2003). *Behavior in organizations* (8th ed.). Upper Saddle River, NJ: Prentice Hall.

［196］Greenhaus, J H, and Powell, G N. (2006). When work and family are allies: A theory of work-family enrichment. *Academy of Management Review*, 31, 72 – 92.

［197］Halton，W. (1994). Some unconscious aspects of organizational life：Contributions from psychoanalysis. *In A. Obholzer & V. Zagier Roberts （Eds.）. （The unconscious at work （pp. 11 – 18））*. London：Routledge.

［198］Heckathorn，Douglas D. (1997). Overview：The Paradoxical Relationship between Sociology and Rational Choice. *The American Sociologist*，28，6 – 15.

［199］Hirschhorn，L. & Neumann，J. (1999). The challenge of integrating psychodynamic and organizational theory. *Human Relations*，52，683 – 692.

［200］Hogan，R. (2004). Personality psychology for organizational researchers. *In B. Schneider & D. B. Smith （Eds.）. （Personality and Organizations （pp. 3 – 21））*. Newbury Park，CA：Sage.

［201］Homans，George C. (1967). *The Nature of Social Science*. New York：Harcourt，Brace and World.

［202］Hossein Sotudeh Arani，Hamid Reza Emrani Nejad. (2015). Factors affecting staff organizational commitment based on a three-commitment model：The case study of Aran and Bidgol PNU's staff. *Journal of Scientific Research and Development*，2，226 – 232.

［203］Huang，X. & Bond，M. (2012a). *There is nothing more American than research on Chinese organizational behavior：Into a More Culturally Sensitive Future. In X. Huang，& M.*

［204］Huang，X. & van De Vliert，E. (2003). Where intrinsic job satisfaction fails to work：National moderators of intrinsic motivation. *Journal of Organizational Behavior*，24，159 – 179.

［205］I Yücel，Y Demirel. (2012). A comparative study in Turkey on the relationship between organizational commitment and organizational citizenship behaviors. *European Journal of Economics Finance & Administration*，53，94 – 105.

［206］Jaros，S. J.，Jermier，J. M.，Koehler，J. W. & Singigh，T. (1993). Effects of continuance，affective，and moral commitment on the withdrawal process：An evaluation of eight structural equation models. *Academy of*

Management Journal, 36, 951 – 995.

[207] J E Mathieu, D M Zajac. (1990). A review and meta-analysis of the antecedents, correlates, and consequences of organizational commitment. *Psychological bulletin*, 108, 171 – 194.

[208] Judge, T. A., Heller, D. & Mount, M. K. (2002). Five – Factor Model of Personality and Job Satisfaction: A Meta – Analysis. *Journal of Applied Psychology*, 87, 530 – 541.

[209] Kawahara, Toshihisa. (1998). Relating in a Global Community. *Proceedings of the International Conference on Counseling in the 21st Century* (pp. 31 – 34). Washington: The Educational Resourses Information Center.

[210] Kernberg O F. (1982). Self, ego, affects, and drives. *American Psychoanalytic Association*, 30, 893 – 917.

[211] Kets de Vries, M. F. R. & Miller, D. (1987). Interpreting organizational texts. *Journal of Management Studies*, 24, 233 – 247.

[212] Klein, H. J., Becker, T. E. & Meyer, J. P. (2009). *Commitment in organizations: accumulated wisdom and new directions*. New York: Routledge/ Psychology Press.

[213] Ko, J. W., Price, J. L. & Mueller, C. W. (1997). Assessment of Meyer and Allen's three-component model of organizational commitment in South Korea. *Journal of Applied Psychology*, 82, 961 – 973.

[214] Larissa Lagutina, David Sperlinger and Alexander Esterhuyzen. (2013). Addressing psychological aspects of physical problems through sandplay: A grounded theory study of therapists'views. *Psychology and Psychotherapy: Theory, Research and Practice*, 86, 105 – 124.

[215] Lawrence, W. G. (2000). *To surprise the soul: Psychoanalytic explorations of groups, institutions and society in the Bion – Tavistock tradition*. London: Process Press.

[216] Levi, Margaret, Cook, Karen S., O'Brien, Jodi A., and Faye, Howard (1990). The Limits of Rationality. *In K. S. Cook and M. Levi (eds.)*.

(The Limits of Rationality). Chicago: University of Chicago Press.

[217] Levinson, H. (1987). *Psychoanalytic theory in organizational behavior: handbook of organizational behavior.* Englewood Cliffs, New Jersey: Prentice Hall, 11.

[218] Linda Rhoades, Robert Eisenberger, and Stephen Armeli. (2001). Affective Commitment to the Organization: The Contribution of Perceived Organizational Support. *Journal of Applied Psychology*, 86, 826.

[219] Lindenberg, Siegwart. (2001). Social Rationality versus Rational Egoism. *In Jonathan H. Turner* (ed.). (Handbook of Sociological Theory). New York: Kluwer Academic/Plenum Publishers.

[220] L Mory, BW Wirtz, V Göttel. (2015). Factors of internal corporate social responsibility and the effect on organizational commitment. *International Journal of Human Resource Management*, 27, 1393 – 1425.

[221] Lopes, L. L. (1994). Psychology and Economics: Perspectives on Risk, Cooperation and the Marketplace. *Annual Review of Psychology*, 45, 197 – 227.

[222] Lucas, R. E. & Donnellan, M. B. (2011). Personality development across the life span: Longitudinal analyses with a national sample from Germany. *Journal of Personality and Social Psychology*, 101, 847 – 861.

[223] Maguire, W. (ed.). (1974). *The Freud/Jung Letters.* London: The Hogarth Press.

[224] Mathieu J E, Zajac D M. (1990). A review and meta-analysis of the antecedents, correlates and consequences of organizational commitment. *Psychological Bulletin*, 108, 171 – 194.

[225] McClelland, D C. (1973). Testing for competence rather than for intelligence. *American Psychologist*, 28, 1 – 15.

[226] Mcclelland D C, Burnham D H. (2003). Power is the great motivator. *Harvard Business Review*, 81, 117 – 126.

[227] McGee, G. , & Ford, R. C. (1987). Two (or more?) dimensions

of organizational commitment: Reexamination of the Affective and Continuous Commitment Scales. *Journal of Applied Psychology*, 72, 638 – 641.

[228] Meera Shanker. (2015). Organizational climate an antecedent to organizational commitment: An Empirical Study. *A Peer Reviewed Research Journal*, 19, 84 – 85.

[229] Meyer JP, Allen NJ. (1984). Testing the side bet theory of organizational commitment: some methodological considerations. *Journal of Applied Psychology*, 69, 372 – 378.

[230] Meyer J. P. Allen N. J. (1991). A three-component conceptualization of organizational commitment. *Human Resouree Management Review*, 1, 61 – 89.

[231] Meyer, J. P., Allen, N. J. & Smith, C. A. (1993). Commitment to organizations and occupations: Extension and test of the three-component conceptualization. *Journal of Applied Psychology*, 78, 538 – 551.

[232] Meyer, J. P., Stanley, D. J., Herscovitch, L. & Topolnytsky, L. (2002). Affective, Continuance, and Normative Commitment to the Organization: A Meta-analysis of Antecedents, Correlates, and Consequences. *Journal of Vocational Behavior*, 61, 20 – 52.

[233] Molm, Linda D. (2001). Theories of Social Exchange and Exchange Networks. *In George Ritzer and Barry Smart (eds.)*. (Handbook of Social Theory). London: Sage.

[234] Molm, Linda D. (2005a). Behaviorism. *In George Ritzer (ed.)*. (Encyclopedia of Social Theory). Thousand Oaks, Calif. : Sage.

[235] Morrow P C. (1983). Concept redundancy in organizational research: The case of work commitment. *Academy of Management Review*, 8, 4811 – 5000.

[236] Morrow, P. C., Mc Elroy, J. C. (1986). On assessing measures of work Commitment. *Journal of Occupational Behaviour*, 7, 139 – 145.

[237] Mowday R T, Porter L W, Steers R M. (1979). The measurement of organizational commitment. *Journal of Vocational Behavior*, 14, 224 – 247.

[238] Mowday R, Porter L, Steers R. (1982). *Employee-organization link*

ages: *The psychology of commitment, absenteeism, and turnover.* New York: Academic Press.

[239] Mowday, Porter, Steers. (2013). *Employee-organization linkages: The psychology of commitment, absenteeism, and turnover.* New York: Academic Press.

[240] Nazar Omer Abdallah Ahmed. (2016). Impact of Emotional Exhaustions on Turnover Intentions: A Mediating Role of Organizational Commitment in Higher Education Institutes of Saudi Arabia. *International Journal of Management Sciences and Business Research*, 5, 10.

[241] Omar N. Solinger, Woody van Olffen, and Robert A. Roe. (2008). Beyond the Three – Component Model of Organizational Commitment. *Journal of Applied Psychology*, 93, 70 – 83.

[242] O'Reilly, C. A. & Chatman, J. (1986). Organizational commitment and psychological attachment: The effects of compliance, identification, and internalization of prosocial behavior. *Journal of Applied Psychology*, 71, 492 – 499.

[243] Paola Spagnoli, Antonio Caetano. (2012). The mediating role of job satisfaction during socialisation. *Career Development International*, 17, 255.

[244] Parker, I. (2005). *Qualitative psychology: Introducing radical research.* New York: Open University Press.

[245] Patrick Nicholas. (2010). *Common Factors of Psychoanalytic Theory and Exposure Therapy for Treating Select Anxiety Disorders* (Unpublished doctoral dissertation). Pacific University, Stockton.

[246] Powell, D. M. & Meyer, J. P. (2004). Side-bet theory and the three-component model of organizational commitment. *Journal of Vocational Behavior*, 65, 157 – 177.

[247] Rhoades, L. & Eisenberger, R. (2002). Perceived Organizational Support: A Review of the Literature. *Journal of Applied Psychology*, 87, 698 – 714.

[248] Salancik G R. (1977). Colnmitment and the control of organizational behavior and belief. *Academy of Management Review*, 3, 1 – 54.

［249］ Schwartz, H. (1990). *Narcissistic process and corporate decay*. New York: New York University Press.

［250］ Schwartz, H. (2001). *The revolt of the primitive: An inquiry into the roots of political correctness and related peculiarities*. Westport, CT: Praeger.

［251］ Shapiro, E. & Carr, A. (1991). *Lost in familiar places*. New Haven, CT: Yale University Press.

［252］ Shore, L. M. & Barksdale, K. (1998). Examining Degree of Balance and Level of Obligation in the Employment Relationship: A Social Exchange Approach. *Journal of Organizational Behavior*, 19, 731 – 744.

［253］ Sievers, B. (1986). Beyond the surrogate of motivation. *Organization Studies*, 7, 335 – 351.

［254］ Sievers, B. (1994). *Work, death and life itself*. New York: De Gruyter.

［255］ Sievers, B. , Ahlers – Niemann, A. (2007). *The psychoanalytic study of organizations. A bibliography in the making*. Retrieved from http: //www. ispso. org – The Field – Bibliography for the Psychoanalytic Study of Organizations.

［256］ Simpson, Brent. (2007). Rational Choice Theories. *In George Ritzer (ed.).* (The Blackwell Encyclopedia of Sociology). Oxford: Blackwell.

［257］ Singer T & Kimbles S L. (2004). *The Cultural Comlex: Contemporary Jugnian Perspectives on Psyche and Society Psychology*. Printed in Great Britain: Psychology Press, 185.

［258］ Skinner B F. (1953). *Science and Human Behavior*. New York, Free Press.

［259］ Spitzeck H. (2011). An integrated model of humanistic management. *Journal of Business Ethics*, 99, 51 – 62.

［260］ Stein M. (1998). *Jung's Map of the Soul Open Court*, Chicago and La Sallle, Illinois. 54.

［261］ Stemler S. (2001). An overview of content analysis. *Practical Assessment, Research & Uation*, 7 (17). Retrieved from http: //PAREonline. net/ getvn. asp? v = 7&n = 17.

[262] Swailes S. (2002). Organizational Commitment: A critique of the construct and measures. International. *Journal of Management Review*, 4, 155 – 178.

[263] Szmatka, Jacek, and Mazur, Joanna. (1996). Theoretical Research Programs in Social Exchange Theory. *Polish Sociological Review*, 3, 265 – 288.

[264] Timothy A. Judge, Ryan Klinger, Lauren S. Simon, et al. (2008). The Contributions of Personality to Organizational Behavior and Psychology: Findings, Criticisms, and Future Research Directions. *Social and Personality Psychology Compass*, 12, 83.

[265] Vandenberg, R. J. & Self, R. M. (1993). Assessing newcomers' changing commitments to the organization during the first 6 months of work. *Journal of Applied Psychology*, 78, 557 – 568.

[266] Vaz, K. M. (2000). When is a sandplay psychotherapy process completed? *International Journal of Action Methods*, 33, 60 – 85.

[267] Weng Q X, McElroy J C, Morrow P, et al. (2010). The relationship between career growth and organizational commitment. *Joural of Vocational Behavior*, 77, 391 – 400.

[268] Wiener Y. (1982). Commitment in organizations: A normative view. *Academy of Management Review*, 7, 418 – 428.

[269] Wozniak, A. (2010). The dream that caused reality: The place of the Lacanian subject of science in the field of organization theory. *Organization*, 17, 395 – 411.

[270] Yiannis Gabrie, Adrian Carr. (2002). Organizations, management and psychoanalysis: an overview. *Journal of Managerial Psychology*, 17, 351.

[271] Zahra Yarameshlu, Zahra Alinur Darvi, Jamshid Salehi Sadaghiani. (2015). Review of Effects of Willingness to Happiness on Job Satisfaction Mediated by Subjective Well-being in the Agricultural Bank Headquarters in Tehran. *Applied mathematics in Engineering, Management and Technology*, 3, 99 – 104.

[272] Zaleznik, A. (1989). *The managerial mystique.* New York: Harper & Row.